本居宣長

本居宣長

●人と思想

本山幸彦著

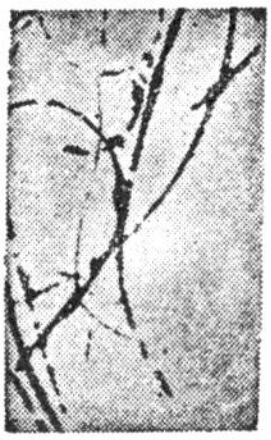

47

CenturyBooks　清水書院

はじめに

本居宣長は、徳川時代の初期以来、幕府の手厚い庇護をうけ、民衆の教化に社会秩序の安定に、大きな政治的、道徳的役割を果たしてきた儒教、当時の学問界や思想界でゆるぎない主流の座を占めていた聖人の道を向こうに廻し、日本の古代、中世の古典を究明することによって国学を完成し、古道といわれる全く新しい日本の思想を樹立した不朽の思想家、偉大な学者である。宣長を国学の研究に導き入れたのが、本文にのべた近世和歌革新運動の中心人物、浪華の僧契沖であった。宣長の出現は、日本の学問史、思想史のうえで一つの時代を画すものであり、まことに重要な意味をもつものであった。

宣長の古典研究は、『古今集』、『新古今集』など平安や鎌倉の和歌の研究から出発し、『源氏物語』、『伊勢物語』など平安物語の註解、『万葉集』など古代の歌謡の研究を通り、現存する日本最古の伝説である『古事記』の完全な註釈にいたって完了する。なかでも、宣長の畢生《ひっせい》の大著『古事記伝』は、宣長が三五年間の学問的生涯を費したほとんど前人未踏の『古事記』研究の成果であり、現在なお『古事記』研究の最高水準だといわれるものである。

こうした研究を通じて宣長は、和歌、物語の本質が「物のあはれを知る」心といわれる人間の真情《まごころ》に根差すものであることを明らかにし、とくに『古事記』からは、人間の合理的な思惟を絶した神々の「妙趣」と人間生活との関係、人間の真情を神代さながらに守り続ける天皇統治の特色を明白にしたのであった。

宣長の学問は、いいかえれば古代、中世の古典によって日本人の生活感情、価値意識を正確に再現し、それを宣長自身や日本人の生活の指針たらしめるとともに、それを永遠に保証する天皇の統治の本質を解明、宣揚しようとするものであったが、宣長が用いた研究方法は、きわめて客観的、実証的な考証であった。宣長はこの確かな方法を『古事記』に適用し、そこで明瞭にした「事実」をそのまま古の道として信じたのである。

たしかに宣長の説く古道は、日本の創始の神々の子孫にして統治者である天皇、日本人の真情生活と天皇統治の不可分性などがその中心であり、日本人に天皇に対する絶対的な服従を要求する政治的イデオロギーが内包されていたことは否定できない。したがって、戦後の宣長研究の多くは、宣長の思想を天皇制イデオロギーと密着させ、むしろ克服すべき対象として批判的にとりあげている。そして、その際、宣長の主張した文学・芸術の政治、道徳、宗教からの独立論や、「物のあはれ」の論に代表される儒教的道徳律とは背反する主情主義的人間論さえも、天皇制イデオロギーに解消され、天皇に対する没主体的な服従を可能にする人間像の原型とされているのである。

このような宣長の思想把握は、否定できない側面をもっているとしても、これが宣長の思想の全貌だと考えるならば、余りにもそれは単純にすぎるといわねばならない。かつて、村岡典嗣《つねつぐ》氏の名著『本居宣長』が、宣長の学問について教え、最近では小林秀雄氏がその著『本居宣長』で、学者宣長、人間宣長を語っているのを一読しただけでも、宣長の学者としての業績、学者としての生き方、考え方には、広く、深く、豊かな人間味が溢れているのがわかるように、宣長の思想など、一言で総括することは容易にできる業ではないはずである。

宣長その人と思想との関連に注目し、宣長自身の生き方の証言として、その思想を尋ねるならば、問題は宣長が天皇制を讃美した時点から宣長の思想を把えるのではなく、宣長がなぜ平安時代の歌文の世界から、さらに古代の世界に分け入り、そこに古代天皇制の存在を確認して、それを讃美するにいたったのかということが、まず問われなければならないだろう。その意味で、宣長の思想が、そのまま『古事記』の解明につながる宣長の学問とまさに一体的なものであるということこそ、問題の中心にすえなければならないのではないか。

しかし、学問と思想の一体性というだけなら、中江藤樹、伊藤仁斎、荻生徂徠というような徳川時代のすぐれた儒者たちも、すべてそうであった。そうだとすれば、彼らのなかで、どうして宣長の学問と思想の一体性だけが、とくに重要な意味をもつのであろうか。

その意味は、宣長の学問がその出発点において、宣長自身の生活を自ら直視することから生まれた宣長の深い人間性の洞察に根差し、以後一貫して変わっていないところにある。具体的にいえば、若き日の宣長が何物にもまして愛好した和歌、その和歌に宿る人間的な本質と、宣長自身がその生活のなかで実感した人間的なものとの一致という確信が、宣長の学問を内から支える力だということである。

宣長の学問は、宣長の把えた人間的なものを儒仏の人間観に対立させながら、社会的に拡大し、社会的正当性を獲得するところまで追求する思想的な営みにほかならなかった。宣長の到達した古道という思想は、この人間的なもの、いいかえれば人間の真情に関する正当性の主張と無関係に構築された思想ではなかったのである。

宣長の人間性の洞察は、儒者の多くが聖人の説く人間を鏡に自己の内面を写し出し、経典をモデルに自己に対する内省を重ねることによって人間を省察したのにくらべるとき、はっきり類を異にするものであった。つまり、宣長にあっては、真実の人間の姿は、権威ある聖人の教えのなかにではなく、和歌を好み青春を悔いなく生きたその現実の生活のなかにこそ存していたといえよう。

和歌をこよなく愛した宣長は、やがて現実の世の中で、真情のままに生活することに、人間の真実の姿を見いだすようになる。天や天理という超越的権威にもとずく道理、あるいは儒者が絶対と仰ぐ聖人の説く教えなどは、宣長が実感する真実の人間に照らせば、空しい絵空ごとにすぎなかった。果たして聖人の教えは真実か偽りか。宣長にとって、その解答を与えるもの、それが古道であったといってよい。

本書はこのような問題意識の下に、本居宣長の生き方と人間観を軸に、文学論にみられる主情主義と古道論における天皇統治の讃美を統合的にとらえ、そこに宣長の学問と思想の一体性の意味をみいだしたいというささやかな試みである。

目次

である。

田沼意次は、側用人から大名に取り立てられ、老中として幕閣の権力を一手に握って後は、吉宗の農本主義とは逆に商業資本と結託し、貨幣改鋳、資源開発など重商政策によって幕府財政を再建しようとし、あらゆる産業、商業を専売と運上の網の目にからめとり、商人に特権を与える手段をとっていた。

その結果、武士と農民の生活は困窮し、封建武士社会独自の堅実な風紀、意識は動揺してきたのだった。町人の経済力が増大するとともに、都市的な市民意識が江戸、大阪など大都市に拡がっていった。この時代は幕府の積極的な思想、学問対策もなく、朱子学に代表される道学はその権威を失墜し、儒教は徂徠学派、折衷学派などが勢力を占め、詩文を好む文人的雰囲気や、自由な学説を好む学問の空気が、思想界を風靡していたのである。

儒学以外の学問や思想の世界も、この雰囲気のなかで解放され、これまで異端とみなされていた洋学も発達し、前野良沢、杉田玄白らがその基盤を築いていたし、平賀源内もその奇才をもって、田沼の欲する物産の学問に貢献していた。国学の方面では、本居宣長が、稀代の才能を生かして、契沖、真淵を継承し、古学を完成させたことは、本書が、これからのべるとおりである。

田沼時代は封建社会本来の武士や農民にとっては財政的に圧迫された苦しい時代であり、朱子学的な道学の伝統からみて好ましくない倫理情況だったが、さまざまな思想的、学問的な分野では新

松阪市魚町の家並

しい息吹が感じられ、いわば思想的アナーキーの時代だった。

宣長の思想や学問が、享保や寛政の時代ではなく、この田沼時代の都市的雰囲気のなかで開花したことは、宣長を理解するうえで重要な意味をもつものなのである。

松阪という町

宣長を理解するために必要な時代的な環境は、以上のとおりだとして、宣長が京都遊学の宝暦二年（一七五二）から同七年までの六ヶ年間以外、旅行のほかはその土地をはなれなかった松阪という町は、どんな町だったのか。

松阪は現在三重県下の六大都市の一つである。しかし、その都市の歴史は三重県では、もっとも新しい。天正一二年（一五八四）、豊臣秀吉によって近江の日野から、南伊勢の一志郡松ヶ島に移封され、そこに築城した蒲生氏郷《がもううじさと》が、より広い、もっと便利な土地四五百《よいほ》の森に城を構え、城下町を建設して地名を松阪と改めたのが、この都市の起源である。

天正一六年（一五八八）、氏郷は松阪に楽市の制をしいて商業の自由を保証し、旧城下松ヶ島の町人をここに強制的に移住させ、あるいは日野から商人を誘致するなど、将来松阪が商業都市として繁栄する基礎を築いた。その後領主は変わったが、江戸時代に入り、元和五年（一六一九）、徳川頼宣が紀州藩に封ぜられると、松阪は紀州藩に所属し、以後松阪は紀州藩派遣の城代と奉行に統治されることになった。江戸時代から城下町でなくなった松阪は、武士の数も少なく、武家屋敷もさして多くない町人の町として育っていった。

松阪の市内には参宮街道のほか、和歌山街道、熊野街道が走り、松阪は江戸時代には商業都市、宿場の町として繁栄してゆく。松阪の商業は、近郷の木綿や麻の集散、江戸への販売が中心であり、江戸に進出する商人も多く、江戸では「伊勢や稲荷《いなり》に犬のくそ」といわれるほど、伊勢商人の勢力を拡張していったのだった。宣長の幼少年期の松阪には、江戸に店を構える三井家をはじめ、三〇軒近くの豪商がいた。小津家、村田家もそれらのなかの一軒である。

宣長は『玉勝間《かつま》』（一四の巻『本居宣長全集』）の「伊勢国」の項で、故郷松阪についてこう記している。

松坂《（ママ）》は（伊勢の都市のなかでも）ことによき里にて里のひろき事は、山田につぎたれど、富る家おほく、江戸に店といふ物をかまへおきて、手代といふ物おほくあらせて、あきなひせさせて、あるじは、国にのみ居てあそびをり、うはべはさしもあらで、うち〳〵はいたくゆたかにおごりてわたる……。人のかたち、男も女もゐ中（田舎）びたることさらになくよろし、女は里のゆたかににぎははしきままにすがたよそひよし、すべてをさ〳〵京におとれることなし、……いはゆる呉服物、小間物のたぐひ、松坂はよき品を用ひて、山田津などとはことなく代物よし、されば商人の、京よりしいるゝも、松坂はことに物よく上々の品なり、京のあき人つねに来かよふなり、時々のはやり物も、をり過さず、諸芸は所がらにあはせては、よきこともあらず、もろ〳〵の細工いと上手なり、あきなひごとにぎはゝし、芝居、見せ物、神社、仏閣すべてにぎはし。

松阪は武士の影響力の少ない京都と同じように、そして京風の流行する、少なくとも外面は風雅を喜ぶ町だったことが、この文章から察せられよう。松阪町人のなかから、歌人、俳人、書家、画家などの文化人が、宣長以前すでに数多く輩出していた。宣長、幼名富之助はこの町で生まれ、この町で育ち、めぐまれた豪商の家庭で幼年期をすごしたのだった。この松阪の文化は、宣長の思想形成を、まず幼時期において規定する大きな役割を果たしていたと考えてよい。

宣長の祖先たち

宣長の生家小津家は、三井家、殿村家などと並ぶ松阪豪商の一つで木綿問屋だった。曽祖父三郎右衛門（法名道休）の代に、江戸大伝馬町に三つの店を開き、祖父定治（法名唱阿）のときには、江戸堀留町に煙草店と両替商を創設するなどその経営は大きくなり、この資産を受けついだ父の代には、かなりの商売を、江戸で営んでいた。

しかし、小津家の先祖は平家の出と称し、伊勢の国司北畠氏に仕えた武士である。主家の滅亡の後、宣長の先祖は蒲生氏に仕え、本居の姓を名乗っていた。宣長六世の祖、本居武秀は氏郷に従って南部地方の戦に討死し、当時懐妊していた妻は、伊勢国壹岐郡小津村の油屋源右衛門に身を寄せ、源右衛門と一緒に松阪に移り住んだが、彼が小津姓を唱えて木綿商を始めた頃、妻は武秀の忘れ形見を生んだ。この子が源右衛門の長女と結婚して小津の別家を立て、木綿を商い、七右衛門（法名道印）と称していた。これが宣長五世の祖で、宣長の家を開いた祖先だった。

だが、本居家の血筋は宣長の祖父のときまでで、宣長の父は源右衛門の血筋を引く小津本家の出

本居家の系図

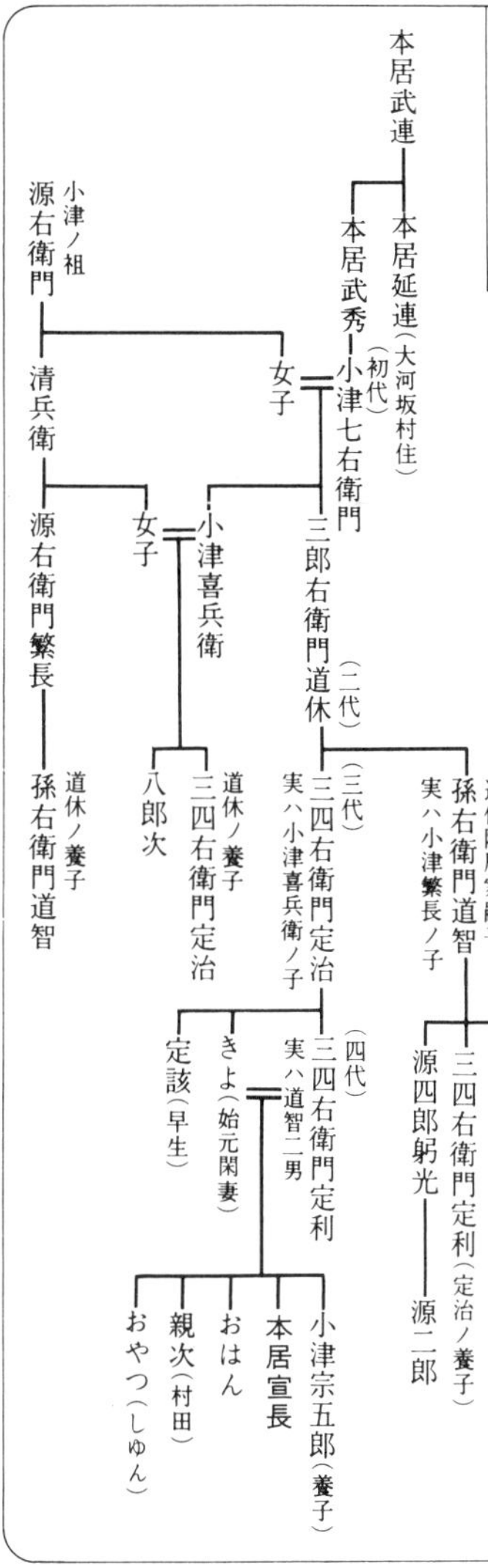

で、祖父定治の養子となった人である。宣長はその祖先の血筋がすでに絶えていたにもかかわらず、小津家の先祖が武門の出身であったことを誇り、後に京都に遊学したのを機会に本居姓にかえっている。その理由は後に考えてみたい。

宣長には義兄がいた。それは父定利の養父定治の長女で、父の最初の妻だったきよの連れ子定治（祖父と同名）である。祖父はこの定治を父定利の嗣子に決定していたのだった。

幼・少年期の宣長

吉野水分神社の申し子　先妻きよの死後、お勝を迎えた父は、定治がいたにもかかわらず実の子を望み、子守明神として有名な吉野水分《みくまり》神社に願をかけたが、間もなく富之助が生まれたのである。父母にとって富之助はいわば水分明神の申し子だった。『家のむかし物語』(『本居宣長全集』)のなかで、宣長は次のようにのべている。

　道樹(定利)君、嫡嗣道喜(定治)君おはしけれども、なほみづからの子をも得まほしくおぼして、大和国吉野の水分神は、世俗に、子守明神と申て、子をあたへて守り給

吉野水分神社

ふ神也と申すによりて、此神に祈り給ひて、もし男子を得しめ給はゞ、其児十三になりなば、みづから率て詣で、かへり申し奉らんといふ願をたて給へりしが、ほどなく恵勝《おかつ》大姉ははらみ給ひて、享保十五年庚戌《かのえいぬ》の夜子《ね》の時に、宣長生み給ひぬ。

富之助の誕生にまつわるこのエピソードは、彼をとりまく家庭環境が、真剣な浄土教の信仰に包まれていたこととあいまって、富之助自身に自ら神の授かり子だと信じ込ませるに充分な事実だった。宣長が生涯神に対し、あるいは非合理な「事実」に対し、敬虔な感情をいだきつづける心性を、この事実はまず培ったものだといってよい。

富之助が生まれたので義兄の定治は嗣子の位置をしりぞき、江戸で別に一家を立てたいと定利に願い出たが、定利はこれを許さず、これに反対する遺言書まで作っていた。しかし義兄は強いて江戸に出て自ら商売を始め、独立の生計を営んだのだった。

富之助には次々と、弟や妹が生まれてきた。弟は親次、妹はおはん、おやつという。富之助の幼時は温かい両親に育くまれ、経済的には何不自由もなく、弟や妹たちと睦み合って日を送る幸福そのものの生活だった。両親は富之助が八歳のとき、手習いを学ばせた。師匠は西村三郎兵衛で、彼はここに一一歳まで通い、「千字文」や教訓書のたぐい、「商売往来」や仮名文字などを習った。しかし、幸福な幼時の生活も、長くは続かなかった。

富之助一一歳の元文五年(一七四〇)閏七月、江戸の店にいた父が死去したのである。その死に目にも会えなかったことは、彼にとって初めて味わう深刻な悲しみだった。父死すという悲報を受けとった夜の驚愕の有様を、宣長は後年次のように回想している。

そも〳〵そのをりの事よ、かくれ給ひぬるよし江戸より、早便して告おこせたる、それよりさきに、おもく病み給ふよし告げたる状と、事きれ給へるよし告たると、同じ夜に、ふけて来つきて、門たたきてもて来たるに、恵勝大姉のいみじく驚きて、かなしみ泣給ひしこと、われもわらは心に、いとかなしかりし事など、今もほのかにおぼえたるを、思ひ出るも、夢のやうにかなし、かの御面影は、たしかにおぼえてある也。（『家のむかし物語』）

父なきあとの宣長は、聡明にして男まさりの母の富之助への愛《いつく》しみと、期待のなかで成長していった。この母について宣長は「すべて此恵勝大姉は、女ながら男にはまさりて、こころはか〳〵しくさとくて」（同上）という。宣長はこの母の配慮にこたえ、身のふり方など一応は母の心に従っている。父が死んだ年の八月、宣長は幼名富之助を彌四郎と改めた。紀州藩主の奥方が富宮といわれ、それを憚《はばか》ったのがその理由だった。

翌寛保元年（一七四一）一二歳の彌四郎は、一月から同二年の六月まで、新たに斎藤松菊という師について手習いを続け、今川、国名、人名、手習訓、書状、「江戸往来」などを学ぶ。この年の三月から実名を栄貞《よしさだ》と称したが、恐らく父なきあとの幼な心を捨て去ろうと決心したからではなかったか。

本居宣長旧宅

この年の五月、母お勝は子供たちをつれ、本町の本宅から魚町の隠居所に移る。この魚町の家が宣長生涯の住居となった。有名な鈴屋もこの家に増築された書斎であり、現在松阪城跡に保存されている。この移転は父の遺産を義兄が相続したので、母が気を使ってのことだろう。義兄は江戸の父の店を整理し、残った資産四百両を親戚に預け、彌四郎ら母子の生計が立つようにとりはからってくれた。

寛保元年七月から彌四郎は岸江元仲について漢籍と謡曲を習い始め、『小学序』、『小学』、『大学』、『中庸』、『論語』、『孟子』などの素読に入ってゆく。彌四郎は寺子屋段階を終え、一般教養の基礎段階に入ったといってよい。

翌年七月、彌四郎は初めての旅に出た。一三歳である。母の配慮で父の誓願を果たすため、吉野水分神社へ参詣の旅だった。「宣長十三歳、恵勝大姉、道樹君の、かの願たておき給ひしことをおぼして、七月に吉野の水分の神社にまうでしめ給ふ」（同上）と彼は回顧する。母は御嶽詣での人々に彌四郎を託し、信頼できる二人の手代をつけて彼を旅に出したのだった。「かへりぬれば、恵勝大姉涙をおとしてぞよろこび給ひける。道樹君の御事、いかにおぼし出けむ」（同上）、彌四郎にとっても、さぞ忘れがたい初旅だったにちがいない。

学ぶ心の芽生え

旅から帰った彌四郎は、寛保二年一二月、半元服の式をあげたが、延享元年（一七四四）一二月、一五歳で本格的に元服し、すでに子供の頃からそうだった知識欲、読書欲も日ましに旺盛になっていった。宣長が自分の読書愛好について語る『玉勝間』（二の巻）をみておこう。

おのれいときなかりしほど（幼年の頃）より、書をよむことなむ、よろづよりおもしろく思ひて、よみける、さるははかばかしく師につきて、わざと学問すとにもあらず、何と心ざすことなく、そのすぢと定めるかたもなくて、ただからのやまとの、くさぐ〵のふみを、あるにまかせ、うるにまかせて、ふるきちかきをもいとはず、何くれとよみけるほどに云々。

この頃、彌四郎にとって読書がすでに習性化していたことがわかるだろう。

試みに半元服の年から元服した年までの間に、宣長が興味にまかせて写本した書物を数えると以下のとおりである。『新板天気見集』、『元祖円光大師御伝記』、『神器伝授図』、『中華歴代帝王国統相承之図』、『職原抄支流』、『赤穂記』。延享二年（一七四五）にも『経籍』と『本朝帝王御尊系並将軍家御系』を筆写している。

樹敬寺山門

宣長は富之助時代の元文四年（一七三九）一〇歳のとき、早くも仏門に帰依し、入蓮社走誉上人より浄土宗の血脈《けちみゃく》

を受け、英笑という法名を授けられていた。さきにもふれたが、宣長の両親の一族はすべて真剣な浄土宗の信者だった。一族はみな法名を授かっていたのである。

もともと松阪は浄土宗の盛んな町で、松阪新町にある小津家の菩提寺樹敬《じゅきょう》寺は、三井、殿村、村田など、松阪の豪商たちの祖先が眠る菩提寺でもあった。父方の曽祖父道休、祖父唱阿、それに父道樹らはとくに信仰が深く、唱阿などは夢に生身の仏菩薩をみて、これを画像にえがかせたといわれている。母の長兄は幼い頃に出家していたし、母方の祖母も宣長がお勝（母と同名）と結婚した年には、信州善光寺で剃髪《ていはつ》していた。母お勝が信仰深かったのはいうまでもない。幼い富之助が血脈を受け、法名をもらったのも、こうした家族の宗教的雰囲気のなかにあってこそだろう。

元服した年の二月には、彌四郎は融通念物百反之日課、三月には十万人講の日課百反を修めていた。寛延元年（一七四八）、一九歳の閏一〇月には、菩提寺樹敬寺の諦誉上人から十念を授かり、その月の一九日から五重相伝を受けるべく、在家の人としてはかなりきびしい修行さえ行っていたのである。

この修業は一九日から七日間続き、その間、宣長は毎日精進潔斎し、弥陀仏のほか、諸仏、天照大御神、氏神その他諸々の神々、それに聖徳太子や善導大師、さらには先祖の霊などに向かい、三度の礼拝と称名一万遍、湯垢離一度をかかさなかった。とくに二五日には、称名二万遍、沐浴二度の修行を行った後、その夜、五重相伝を受けたのだった。こうした宣長の仏教への態度は、当時の宣長の仏教信仰が、なみなみでなかったことを推測させる。

母と子

こうした独学や仏教修行の間に、彌四郎は延享二年二月二一日から三月三日まで、初めて京都に小旅行を試みて後、四月一七日から翌年の四月九日まで約一年間、江戸伝馬町にある伯父源四郎の木綿問屋に商《あきな》いの見習いに行った。母のはからいである。

すでに元服もすまし、この年一六歳になった彌四郎を、いつまでもぶら〳〵させておくわけにはいかない。母お勝は、一日も早く彌四郎を一人前の商人にし、義兄をたすけて家業の挽回を図らせたいと考えていたのだった。だが、彌四郎は商人には向いていなかった。商いの見習を一年余りで投げ出し、中途半端で江戸から帰ってきたのは、そのためだったようである。江戸から帰った彌四郎は、相変わらず読書に励み、筆写に精を出していたが、注目しなければならないのは、延享三年、一七歳の彌四郎が、浜田瑞雪に弓の指南を受けていることである。

どうして商家の息子が弓を習ったのか。松阪では、豪商の旦那衆の間にそんな趣味があったのを彌四郎も真似てみたのかどうか、理解に苦しむところである。だが、商いの修行に失敗した彼が弓を習ったということは、祖先の武家本居への回帰、商人への絶縁を象徴的に表現したものとみられぬこともない。そうだとすれば、これも意味ある稽古だとみることもできる。

さきに父なきあとの彌四郎は、母の愛しみと配慮のなかで、一応は母の心に従ったとのべたが、母の心に従って江戸へ商業の勉強に出かけた彌四郎が、自分に不向きと知って一ヶ年でそれを放棄したことは、まさに一応というにふさわしい。弓を習うのも果たして一応母に従ったからだろうか。どうもそうではなさそうである。一六、七歳の彌四郎には、いかに敬愛する母の意志であろうとも、自分に納得できないことに無理をしてまで従おうとはしない自我が形成されていた。

延享五年つまり寛延元年（一七四八）は、一九歳を迎えた彌四郎にとって、一つの決断に迫られ、一応、母の意志に従うか、否かを迷った悩み深い年だった。彼の迷いは山田の紙商今井田家に養子にゆき、一生を紙の商いで身を立てるかどうかの決断である。この養子の話に最初に関心をしめしたのは母だった。義兄がいて継ぐべき家をもたない彌四郎、かといって読書ずきの彌四郎を黙って養う余裕もない母は、息子に他家を嗣《つ》がせ、将来の独立の手段をつけてやるのが、せめてもの母の務めだと考えたのである。

彌四郎は恐らくは悩みながらも、この母の配慮に一応は従った。しかし、二年ほどで離縁になり彌四郎は家に帰っている。このときも、彼の自我は、母の意志に完全には従えなかったのである。

彌四郎は『日記』（『本居宣長全集』）に、この養子縁組は松阪の家城という人の仲介で寛延元年七月に決定したと記しているが、七月に話がまとまったとすると、この話が出たのは少なくとも四月か五月だと推定される。彼がこの年の四月五日から五月六日まで、ゆっくりと京都、大津、大阪に遊び、小津彌四郎としては最後になるかもしれない旅を楽しんだのは、あるいはこの養子の話と関係があるのではなかろうか。

というのは、この京都旅行は彌四郎にとって二度目の京都行きだが、もし、四月のはじめごろ、母が養子の話に乗り気だったとしたら、愛する息子を他家にやろうと心にきめた母の思いやりだったと考えても不思議ではないからだ。

それはともかく、旅から帰って話はとんとん拍子に進み、七月に縁組決定、九月に結納、養父との対面、一一月一四日、彌四郎は山田の今井田家に移ることになった。半年ほどは養父母と同居していた彌四郎は、翌二年の六月から、彼のために用意された別宅に住んで紙の商いを始めたのである。

商人落第

しかし、山田においても、彌四郎は真剣に商売に励む気はなかったようである。寛延三年（一七五〇）一二月、今井田家から離縁されるまでの二年余りの間に、彌四郎はかねて崇拝している伊勢の両宮に二〇回近く参詣しているし、松阪の実家へは合計二ケ月半以上も帰っている。それに『日記』に、「去年より和歌に志し、今年より専ら此の道に心を寄す」とかいているように、彼の和歌への志向はこの頃はっきり固まり、山田の宗安寺法幢和尚を師と仰いで添削を乞うほどになっていた。

また、寛延二年九月二日の『日記』に、「誹名を華風と号す」とあるのをみれば、俳句にも興味をもちだしていたらしい。学問の方でも、同じ年の一〇月頃から山田の正住院住職に五経を学んでいた。この時代の著書には『源氏物語覚書』がある。

このように山田時代の彌四郎は家業の方はさっぱりだったが、いろいろなものに知的興味をいだき、中でも和歌には最も強い愛着をもっていた。少年の日の和歌への関心を宣長はこう回想する。

十七八なりしほどより、歌よままほしく思ふ心いできて、よみはじめけるを、それはた師にしたがいて、まなべるにもあらず、人に見することなどもせず、ただひとりよみ出るばかりなりき、集どもも、古きちかきこれかれと見て、かたのごとく今の世のよみざまなりき。(『玉勝間』二の巻)

和歌は宣長が長い生涯をかけて愛好しつづけたものである。だが、それだけではなく、儒仏の道、儒仏のえがく人間観に対抗して宣長が主張した古道、およびその古道に裏づけられた主情的な新しい人間観を打ち立てる思想的な出発点となったもの、それが宣長の和歌だった。

宣長の和歌愛好の念は、彼をとりまく松阪という町の環境や、両親の親戚、縁者に和歌を愛する人々が多かったこともあって、彼の少年時代にめばえたものだった。その頃、菩提寺である樹敬寺の塔頭《たっちゅう》嶺松院《れいしょういん》では、定期的に歌会が催されていた。母方の親戚で垂加流の神道を学んでいた村田元次《もとつぐ》や全次《またつぐ》、父方の親戚である小津清兵衛や六平などもその会員だった。

この歌会は宣長が京都遊学から帰って後、自ら主催することになるが、和歌に志した当時の彌四郎も、あるいはこの会に参加していたかもしれなかった。この頃の彌四郎の和歌や、歌学に関する諸説の抄録が、「栄貞詠草」、「和歌のうら」などに残されている。彌四郎は山田に行ってからも、この好きな和歌を家業の犠牲にできるわけはなかった。

養家はこんな養子をもて余した。彌四郎が離縁されたのも、いわば当然のことだった。「寛延元年には、ある人の子になりて、山田にゆきて、二年あまり有しが、ねがふ心にかなはぬ事ありしによりて、同三年、離縁してかへりぬ」(『家のむかし物語』)と語っているが、「ねがふ心にかなはぬ」のは、むしろ養家の方ではなかろうか。

今度も彌四郎は迷った末に母の意志に従った。しかし、彼の自我は遂に彼自身に忠実だったのである。今度こそ、母も彌四郎を商人に仕立てることを断念せざるをえなかった。

塔頭嶺松院跡

彌四郎が今井田家から帰った翌宝暦元年(一七五一)二月、義兄定治が四〇歳の若さで江戸で病没した。三月、彌四郎は江戸に下ってその後始末をし、七月に松阪に帰り小津の家督を相続した。しかし、そのときは父の江戸の店はすでになく、義兄の店もすっかり衰え、彼が相続したのは、かつて義兄の配慮で親戚に預けた四百両と、魚町の家だけだった。彌四郎の商才に絶望していた母は、我が子を京都に留学させ、医者として将来の生計を立てさす道を考えたのである。

この母の決心には彌四郎も心から同意したことは間違いない。二度の旅行で京都は彼にとって忘れられない土地になっていたはずだった。彌四郎は宝暦二年（一七五二）三月五日京都に向かって松阪を旅立った。二三歳のときである。この間の事情を『家のむかし物語』は、次のように説明している。

すべて道喜君の世におはせしほどは、何事もそのはからひ給ふに、まかせ給へりしを、此ぬしなくなり給ひては、恵勝大姉みづから家の事をはからひ給ふに、跡つぐ彌四郎、あきなひのすぢにはうとくて、たゞ書をよむことをのみこのめば、今より後、商人となるとも、事ゆかじ、又家の資も隠居家の店（四百両預けた親戚の店）おとろへぬれば、ゆくさきうしろめたし（心もとない）、もしかの店、事あらんには、われら何を以てか世をわたらん、かねてその心づかひせではあるべからず、然れば彌四郎は、京にのぼりて学問をし、くすしにならむこそよからめ、とぞおぼしおきて給へりける。

事実、隠居屋の店は明和元年（一七六四）に倒産し、預けた金も手代に使い込まれ、母の心配は適中したのである。宣長は後年「恵勝大姉のはからひは、かへす〳〵も有がたくぞおぼゆる」（同上）と、母に感謝を捧げていた。

京都遊学

幼、少年期の彌四郎は商家の子だったにもかかわらず、肝心の商いの勉強には落第したが、生得的な読書欲と好学心から、自らの好みにまかせて随分色々なものを学んできた。漢学、和歌、仏教、謡曲、茶の湯、弓などである。当時の中流以上の商家の旦那が、余暇に楽しむ文化的教養を一通り身につけていたのである。これには松阪の土地柄の影響も無視できないだろう。

勿論、松阪、山田時代の彌四郎の生活には、父の死や義兄の死など悲しいこともあり、養子問題などの深刻な悩みもあっただろうが、彼の生活は基本的には自分の意志に忠実に、好きなものを追求してきた生活であり、最後に医師となる道を選んだのも、母のはからいもさることながら、彼自身納得のゆく選択だったといえる。このような生き方を貫いてきた彌四郎にとって、京都の遊学では、それに輪をかけた生き生きした青春の生活が、学問的にも、日常的にも彼を待ちうけていたのだった。

堀景山の塾で

宝暦二年三月五日に松阪を立った彌四郎は、七日京都に着き親戚の木地屋村田伊兵衛の店におちついた。これが以後六年間にわたる京都遊学の最初の日だった。三月一六日、阿波藩士藤堂藤俊の紹介で、綾小路室町に家塾を開く儒者堀景山《ほりけいざん》の門に入り、ここに寄宿する。医学の予備学として漢学を学ぶのが目的だった。医学は翌年七月二二日堀元厚に就いている。元厚が死んだ後、宝暦四年(一七五四)五月からは室町四條に開業する小児科医武川幸順に入門、ここに居を移していた。

本居と改姓

小津彌四郎の京都遊学で最初に注目すべきことは、景山塾入門の日に本居と改姓したことである。「今度上京已後、予小津家ノ名ヲ閣《オ》キテ本居ノ旧号ヲ用フ」(『在京日記』宝暦二・三・一六。『本居宣長全集』)と『日記』に記している。小津家の祖本居武秀は、彌四郎六世の祖先だったとはいえ、すでに彼とは血縁のない人だった。にもかかわらず、彼が武家である本居の姓に復したのはなぜだろうか。当時の彼は何も語っていないので推測するほかはないが、彼に武家への憧れがあったからとは思われない。だが、彼が自分の好みを別にしても、商人たることに誇りをもてなかったのも事実である。だとしたら、この改姓は家代々の生業だった商業と絶縁して、医師という新しい職業につく彼自身の再生への決意の表明ではなかっただろうか。そう推測させるのは、『家のむかし物語』の記述である。

そもそもわが家の遠つ祖は、………ものゝふのつらに在しを、道印君より道樹君まで、四世の間は、町人といふにくだり給ひ、道休君の世より、富栄え給ひて、ゆたかには経給ひながら、なほいへば商人《あきびと》のつらにて有しを、殊にのりながいときなかりしころなどは、家の産やう〳〵におとろへもてゆきて、まづしくて経しを、のりながくすし（医師）となりぬれば、民間にまじらひながら、くすしは世に長袖とかいふすぢにて、あき人のつらをはなれ、殊に近き年ごろとなりては、吾君のかたじけなき御めぐみの蔭にさへかくれぬれば、いささか先祖のしなにも、立かへりぬるうへに云々。

たしかに晩年の宣長は、医師として生計を立て、学問して古道を明らかにし、紀州藩主からわずかな扶持をもらい、時々和歌山に出仕して国学を講ずる身分になったことを誇りにしていた。このことを考えれば、本居改姓はさしあたり医師たることの決意表明といえようが、その決意のなかには医師以上の何かになる決意がこめられていたとみることができるのではなかろうか。

宝暦三年（一七五三）九月、彼は彌四郎を健蔵と改めた。宣長と称したのは宝暦五年（一七五五）三月からである。この年医者としての号を春庵（一七五九年秋より舜庵）とつけた。

和歌開眼

宣長は医師になるため京都に留学した。しかし、国学の完成者として、すぐれた思想家としての宣長の学問は、医学やその予備学である漢学によって築かれたのではない。宣長の学問や思想の基盤を築いたのは、すでに山田在住時代が終わる寛延二年（一七四九）にかたく志し、愛好していた和歌の学びであり、その和歌が日常生活にとけ込んでいた平安貴族の情緒生活を芸術的に表現した平安の物語の研究だった。

さらに宣長の思想を培ったのは、その和歌や物語の舞台である平安の面影を今に残し、その風雅な雰囲気を肌で感得できるかのような情趣に満ちた京都の町そのものであり、同時にそこで過ごした宣長の青春の遊楽でもあった。はばかるべき母のいないのびのびした京都の青春、生計の道に思いわずらう必要のない自由な書生の生活は、宣長の思想形成の大きな糧だったのである。

宣長の和歌に対する本格的な研究は、京都にきた年、その師景山から近世における歌学革新運動の推進者だった真言の僧契沖の『百人一首改観抄』を借りて読み、これに魅了されることによって始まる。続いて『勢語《せいご》臆断《おくだん》』、『古今餘《こきんよ》材抄《ざいしょう》』、『厚顔《こうがん》抄』、『万葉代匠記』など、次々と契沖の著作を読み進め、宣長の歌学の研究は深くなってゆく。

京都遊学中の宣長は、これら契沖の著作を学び取ることによって、和歌と人間との深いつながりや、和歌と神の道との結びつきなどについて、その眼を開いたのだった。宣長は契沖との出会いについて、『玉勝間』(二の巻)に、こうのべている。

さて京に在りしほどに、百人一首の改観抄を、人にかりて見て、はじめて契沖といひし人の説をしり、そのよにすぐれたるほどをもしりて、此人のあらはしたる物、餘材抄勢語臆断などをはじめ、其外もつぎ〱に、もとめ出て見けるほどに、すべて歌まなびのすぢの、よきあしきけぢめをも、やう〱にわきまへさとりつ、さるまゝに、今の世の歌よみの思へるむねは、大かた心にかなはず、其歌のさまも、おかしからずおぼえけれど、そのかみ同じ心なる友はなかりければ、たゞよの人なみに、こゝかしこの会などにも出まじらひつゝ、よみありきけり。

契沖を知ることによって、今まで自分が詠んでいた和歌、学んでいた中世以来の伝統的歌論が、いかに形式的な中身のないものだったかを、宣長は初めてさとったにちがいない。

儒学の師でありながら契沖の著作を宣長に貸し、宣長が歌学に開眼する機会を作った景山とはどんな人物だったのか。景山は徳川初期の大儒藤原惺窩《せいか》の高弟堀杏庵《ほりきょうあん》の子孫で、広島藩に仕えながら京都に在住していた儒者である。本来は朱子学者だが、心の広い趣味に富んだ人物で、荻生徂徠とも交わりがあり、学風はむしろ徂徠学に近く、古文辞の研究を重んじ、道徳論でも人欲を悪とみる朱子学者的な道学先生ではなかった。景山は詩文、和歌にも造詣深く、人間の情緒性を尊重していた。堀家に寄宿していた宣長が、景山のこうした側面から影響をうけたのは当然のことだった。このことはまた後に触れる。

在京時代の宣長が自らの学問、思想を形成する基盤として、進んで取りくんだのが和歌、物語だったことは以上のとおりだが、宣長がその思想の根源を知的レベルから、非合理な心情のレベルにまで掘りさげ、理性ではとらえきれない人間性の深部に足を踏みいれて和歌、物語の真髄を吸収できたのは、その学問もさることながら、彼が心ゆくまで満喫した青春の体験だろう。

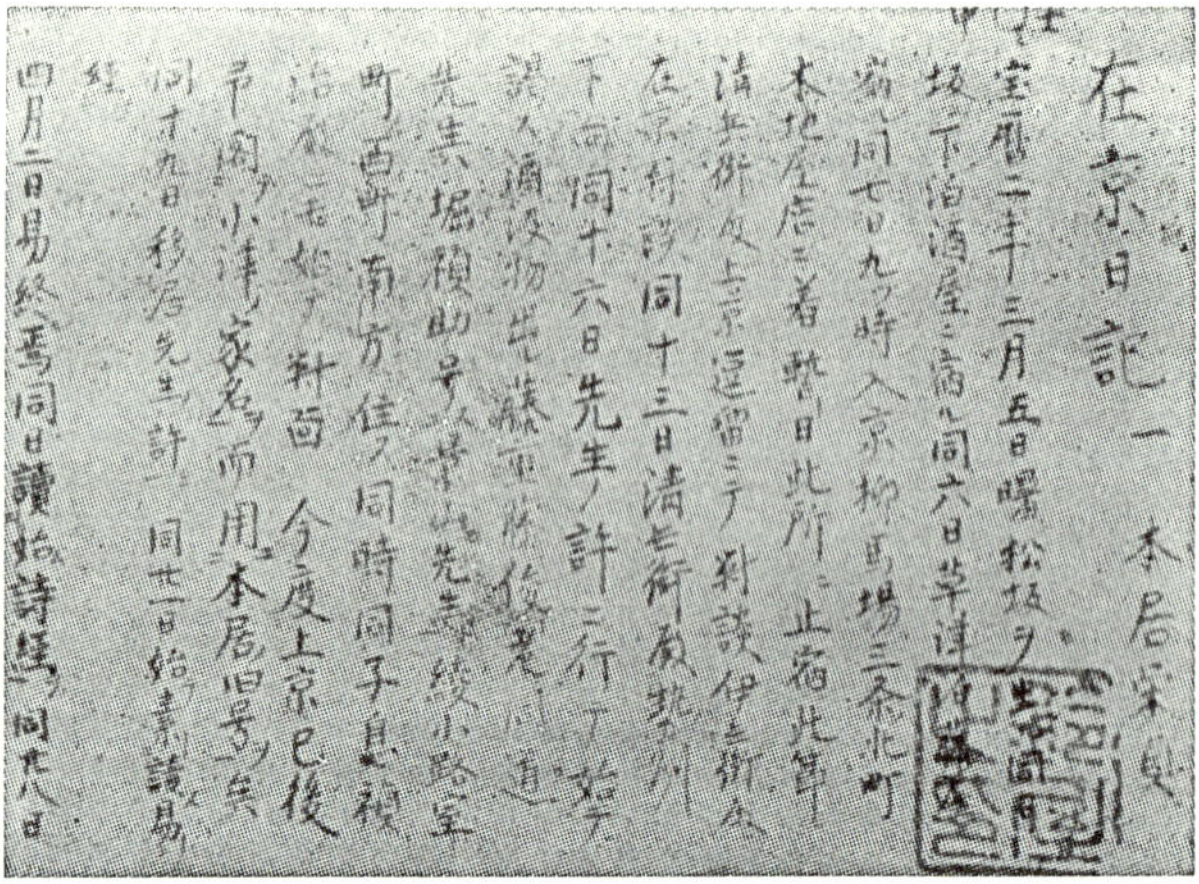

『在京日記』

『在京日記』

若き日の宣長の京都の生活は、『在京日記』にくわしく記されている。この『日記』は松阪出発の日から、宝暦七年（一七五七）一〇月六日松阪に帰り着く日までの日記であるが、宝暦五年（一七五五）の末までは漢文体、宝暦六年一月元旦からは和文体に変わっている。

この文体の変化について、『本居宣長全集』第十六巻の解題で大久保正氏がいうように、「それは、宣長の在京生活の間に培われた繊細な生活感情が堰を切って溢れ出たと見るにふさわしいものであり、言わばそれは宣長の青春を彩った在京生活のもっとも自然な表現であったと見ることができる」と考えて間違いなかろう。

したがって、宣長の思想形成を知るには、彼の学究生活だけでは充分とはいえないのである。しばらく『在京日記』にそって彼の京都での生活をみてゆくことにするが、はじめに簡単に学究生活の情況を、ついで、ややくわしく日常遊楽の生活についてのべることにしよう。

学問の研鑽　学問に関しては、彼の『日記』には漢籍、医書の会読や独習、あるいは講義などの事実だけが記され、感想や評論はなく、和歌、文学についての学習は一切記されていない。ただ、歌会に出席した事実のみが記されているにすぎない。しかし、これらの事実だけをみても、その勉強がいかに精力的なものだったかがわかる。

宝暦二年の勉強はほぼ独習だった。この年だけで、『易経』、『詩経』、『書経』、『礼記』、『左伝』などを自分で読破し、翌年からは会読が主となっている。宝暦二年から三年にかけて、『史記』、『晋書』、『世説』、『蒙求』などが、それぞれ月四回の割合で会読されていた。

宝暦四年（一七五四）からは袁了凡『歴史綱鑑』、『楊子法言』の会読が月二回の割合で行われているほか、医書の会読が始められ、月四回宛の李時珍の『本草綱目』の会読が行われている。翌五年以後になると漢籍と医書の会読が併行し、『前漢書』、『荘子』とならんで、さきの『本草綱目』が会読されていた。

宝暦六年には『嬰女童百問』、『千金方』などの医書と、『南史』、『荀子』、『列子』、『武経七書』が併行して会読され、それぞれ月二回の割合である。遊学最後の宝暦七年は、これらの書籍の会読を継続しているほか、『文選』の会読が行われていたのである。

そのほか、『日記』には堀景山やその嗣子蘭沢、医学の堀元厚などによる講釈の事実が記載されているが、講釈は余り多くはない。宝暦二年の蘭沢の『左伝』講釈、宝暦四年の景山の『易学啓

新玉津島神社

蒙』の講釈、宝暦三年の堀元厚の『霊枢局方発揮』、『素問』、『運気論』、『滂洄集《ほうかい》』などの講釈がそれである。武川幸順の講釈については記事がない。

こうした記事をみると、宣長の学習は講釈をきくという受動的なものではなく、独習、会読という自学自習的なものだったことがわかるだろう。歌学、物語について何ものべられていないのはいぶかしいが、宣長は遊学の終わりに歌論『あしわけをぶね』を著して、自らの歌学の基礎を確立していたことを考えれば、この方面の研究はあまりに日常化していて、一々記す気にならなかったとも考えられる。

しかし、歌会出席の記事はかなり記されている。宝暦二年七月、宣長は堂上歌人の名門冷泉為村《れいぜいためむら》門下の森河章尹《あきよし》の門人となり、彼の主催する新玉津島神社の歌会にしばしば出席していたし、翌六年一月からは有賀長川の月次《つきなみ》の歌会にも参加するようになり、帰国の直前まで続けている。

歌会への出席は、彼らが契沖以前の伝統的な歌人だったから、必ずしも宣長の歌学的な欲求を満足させるものではなかった。しかし、それは宣長の楽しみだったのである。和歌の会は身分階級をこえた和歌を愛する人々の集いだった。そこには医者も学者も町人も武士も隔意なく出席し、相互に自由に作歌を批評し合うサロン的な楽しみがあった。身分、職業を超えて人々が自由に語り合う、いわば社会の規範にとらわれない世界、このような世界に、宣長は人間社会の一つの理想の姿をみいだしていたかもしれなかった。

青春の遊楽

次に宣長の青春の遊楽についてみよう。以上みてきたようなきびしい学問の研鑽が、遊学中の宣長の一つの顔だったとしたら、これからのべる宣長の生活は、もう一つの顔である。いずれも宣長本人の顔にちがいなかった。

それは神社、仏閣への参詣、四季折々の物見、遊山、観劇などの楽しみ、酒食そのほか遊興の生活だった。彼の『日記』のほとんどどの頁にも遊楽の記事があるが、とくに宝暦六年一月元旦からの和文の日記には、極めて素直な彼の情緒的な喜びが生き生きと記されている。ときには宮廷、神事などの行事に接し、たんなる拝観に終わらない厳粛な気分にひきしめられた記事もある。

試みに宣長上京の年の『日記』だけをとりあげてみよう。宝暦二年五月五日、藤森神社の祭礼。六日、景山らと鞍馬山遊山。六月には祇園祭前の山鉾の見物。一〇日、四条河原夜の納涼。一四日、祇園祭、夜の四条河原の納涼。九月になると六日、蘭沢や友人たちと伏見大亀谷即成院参詣。帰途、泉涌寺参拝、藤森の乗馬。一〇月には三日、友人と栂尾、高雄、槇尾への紅葉狩り。九日、芝居見物。一五日、藤森の乗馬、東福寺の紅葉狩り。二五日、梅宮の乗馬。一二月五日の芝居見物。ざっとこのような調子である。

しかし、こうした事実だけならべてみても、宣長が若き日の京都の生活を、どのような喜びをもって過ごし、どのような感情でうけとめていたかはわからない。そこで、宣長の情緒生活をうかがうにたるいくつかの記述を、和文の日記から拾いあげることにする。

宣長は祭礼を楽しみ、なかでも京都の盛夏を彩る祇園祭には毎年出かけ、雑踏のなかで山鉾を拝観し、神輿《みこし》洗の行列を喜んでいた。宝暦六年六月の神輿洗の記録。

十八日、けふは神輿あらひ、日よりいとよし、……けふはてんきよければ、いとにぎはしく、人多し、祇園町のことしのねり物（行列）は、楽《らく》つくしといふ事也、……まず新地のねり物、未《ひつじ》の時の末にわたり侍りぬ、玉づくしにて、風流いとよく、衣裳などことにうるはし、祇園町のは、……是又、ひときはすぐれてうるはしく、行列などしとやかに、人も立さはぎ侍らず、いとたぐひなきもの也、すべてこの御こしあらひのねり物は、およそ天が下にたぐひなき美観ならめ、けっかう成事も数多けれど、これは所がらとて、つくり出せる児女子《ちご》の風姿容装など、外に似るべき物はあらじとぞ思ひ侍る。

翌年の神輿洗のねり物も見物。「祇園町のもわたる、いつのとしもかはらぬこととはいへど、其さまのうるはしきほど、心ばへのおかしさ、所がらとて、児女のみめかたちのうつくしきことといはんかたなし」（宝暦七・六・一八）と記している。

風流な神輿洗の行列、祇園の美しい女性たち、「いはんかたなし」と若き日の宣長の情緒的な満

遊学の地　京都

▲安井金毘羅神社

▶二軒茶屋

足、まさにいわんかたなしである。

　神社仏閣の開帳や催しに参詣することは、同時に民衆の行楽であること、今も昔も変わりはないが、宣長もほとんどの神社、仏閣、またその縁日には行楽を目的に足を運んでいた。

　宝暦七年二月二五日、北野天満宮参拝。「けふはわきておびたゞしくまふづ、道もさりあへず、貴賤袖をつらねて行かふさま、まことに都のありさま、いとめでたし」。この日は参詣の後に平野神社にも足をのばしている。「紙屋川の橋わたりて、平野にまいる、此わたり、豆府《（ママ）》茶屋あまた侍る、いづれもにぎはし、なまめける女の出で、人をよび入れ侍る、声いとやさしく、赤まへだれ花やかなり」。宣長の印象に強く残ったのは、やさしく、なまめかしい女性の風情だろう。その風情に心ひかれ、素直に興を感じる宣長だった。だが、飾りたてた女性をみても醜は醜と、率直に感情を表現する宣長でもある。

宝暦七年四月一〇日、安井金毘羅神社の縁日に参詣。「此池のほとりの水茶屋にやすみて、しばしゆききの人など見侍る、妓など多くまいる、されど多くまふづるが、みな新地宮川町などの妓にて、白人(素人)はひとりも見侍らず、何となく見るにおとりたるさまなれば、目をよろこばしむるにたらぬこゝちす、あはれ辻子の妓のまふてよかしと思ひねんずるもおかし、かへさに二間茶屋《ママ》にて物くひてかへる」。

酒食遊興　宝暦六年一月二〇日、友人たちと知恩院参り。この日は父の命日だった。けふは大人の忌日なれば、回向しおがみ奉りて、南のかたの門を出て、祇園林をすぎ、二間茶屋に入て、物くひなどす、いとう人多く来り集りて、にぎはしきさまなり、社内に米沢彦八居侍りて、人多く集れりしばし入て聞侍る、此彦八といふものは、都に名高きものになん有ける。いとおかしくはなし物まねなど侍りて、人の耳を悦ばしける、それより日くれかたになりてかへり侍る、人〳〵いふやう、例の青楼へしばしとすゝめ侍れど、けふは常の日にもあらざれば、暮れけれどなをつつしみて、いなみ侍る。

寺院に参っても、父の命日でも楽しむものがあれば楽しむ宣長である。この日記に「例の青楼」とあるのをみれば、彼もときどきお茶屋の類に酒色の興を求めたことがわかる。さすがこの日は父の命日なので友人たちの誘惑は斥けていた。

宣長のこのような遊興の体験を裏づける記述もある。宝暦七年七月二六日の日記である。それはかつ野という芸者が役者に殺害された事件をのべた記事だが、こう記している。「此かつ野といへるは、則宮川町の生れの女にて、二親も其身もよく知りたる者なるが、いと不便《（ママ）》なること也とぞ思ふ、父母がなげき、思ひやりて哀也」。この程度のなじみの芸者はほかにもいたのだろうと推測させる宣長の青春である。

京都遊学中、宣長の酒量もかなり上がったらしい。青楼は勿論、花見遊山に酒は欠かせないものだ。内容の紹介は省略するが、飲酒の記事も『日記』には多い。宣長が、いつ頃から酒を好むようになったか、それははっきりしないが、宝暦四年三月五日、華頂山の真葛庵で開かれた景山の詩会で、宣長が「少年行」という題で飲酒の詩を賦しているのをみれば、この頃、すでに酒に青春を発散させていたと考えられる。

白頭猶且つ花曲に酔う。道《いう》なかれ少年 数《しばしば》杯を挙ぐると。一擲千金春の酒裏。揚々たる意気雄なる哉。（『本居宣長稿本全集』）

千金を費しても惜しくない春の酒場の味を、宣長が果たして本当に知っていたのかどうか疑わしいが、この詩から酒と青春が一つにとけ合った彼の情緒の躍動が感じられるだろう。

宣長は神社、仏閣の参拝に行楽をかねて楽しんだが、四季折々の遊山も好きだった。美しい花をみる。そこで飲食する。全く誰もが楽しむ人間一般の楽しみを、宣長は素直に味わった。理屈はなかったのである。春は桜、夏は四條河原の納涼、秋は近郊の紅葉をめでていたが、八坂、清水、安井など東山一帯の観月も彼の楽しみの一つだった。そのほか藤森や梅宮では馬を貸りて疾走し、壮快の気にひたる若者らしいスポーツも大好きだったのである。

宝暦七年三月四日、宣長は景山の嗣子蘭沢から東山あたりの花見に行こうと誘われた。実はその前日、彼は景山や先輩の伴をして高台寺の花見に行ったのだが、先生と一緒で窮屈だったらしい。それでこの日も誘われるにまかせたのだった。「きのふゆきしにけふにはあれど、きのふは先生たちのつきあひにて、心のびぬかたもありしかば、又ゆかんもにくからじと思ひなりて、まかるよしのかへりごと(返事)す」と記している。

宣長はまた四條通の南と北にあった芝居にもよく行った。北には筑後の芝居といわれる人形芝居もあり、そこにも顔を出している。たとえ見に行かなくても、芝居の評判や噂には強い関心をもっていた。とくに顔見世が始まると気もそぞろのようだった。宝暦六年一一月一日、顔見世の幟が小屋に翻る頃の日記。

けふより南がわの芝居、かほみせ始り侍る、いとはやくみな人ゆくめり、女児などは、夜もいねずしてこしらへて、夜のうちより出侍る、すべて此顔見世といふ物は、一陽来復の心地して、見にゆかねどいさましくよき物なり、芝居のほとりは、饅頭のせいろう二十、三十つみかさね、或は炭数俵つみあげて、進上某様など書て、所せくならべおきたる、いとにぎわし。かわった趣向があれば、通りがかりにふと小屋に入るほどの芝居好きの宣長だった。「けふ夕かた祇園へまいり侍りて、暮過にかへさに（帰りがけに）、芝居のまへをすぎ侍るに、北がわ、こよひはかはり狂言のしくみとて、ひともし（灯ともし）にぎはしく見えたり、しくみといふこと聞をれど、まだ見ねば、ふと入りて見る」（宝暦六・一〇・七）。

古都の行事

宣長の『在京日記』には、このような自由な情緒生活を楽しむ記載にまじって、御所の修法や聖護院の宮の大峯山入りの記事などもある。こうした行事に接したときの宣長は、千年の古都に生きる生き甲斐を感じ、古代を今に見る思いに深い感激を覚えるのだった。

こうした体験は、宣長が和歌、物語の学びを通して接触していた平安王朝を、現実そのもののなかに再現し、感覚していくうえでまたとない貴重な体験だった。

宝暦六年一月一三日、御所の修法を拝観した日の日記。

いともかしこき紫宸殿にのぼり奉りて、おがみ奉ること、いとおそろしき迄ぞおぼゆ、御修法の間は、殿内みな壇場にかざられて、東寺よりつとめ奉る、賢聖の障子なども、あざやかにはみへ侍らず、はつれ〳〵（所どころ）かけ物の間より見えたり、左右桜橘のうはりたるわたり、むかし覚へてえもいはずたふとし、清涼殿のかたも見やられて、絵にかけるやうなり、内侍所《ないじどころ》の、あたらしくきららかにたたせ給へる、いとたふとく、目もあやなり、……それより、公家門のまへにてしばしやすらひ侍るに、公卿殿上人、あまたまふのぼりまかんで給ふありさま（昇殿してくる有様）、つねにめなれぬふぜい、いと殊勝にて、むかしのさかんなりし御代の大内のさま、おもひやられて、立こともわすれてしばらくやすらひ侍りける、雲の上人の有さまは、ゆうにやさしくぞ、かへす〴〵見奉る。

宝暦七年七月二五日、めったに見られない聖護院門跡の宮の大峯山参詣の行列を拝観し、輿の中の宮をかいまみた印象。

　御輿は四方輿《しほうごし》とて、四方に御簾《みす》かかりて、半まき上げられたり、御こし惣体まきゑにて、菊の御紋つき、いとうるはしきことのかぎり也、内にはちょっこなどいふやうなる物有て、宮は其内に座し玉ふ、御装束は、白きりんすのやうなる地紋ある物と見えて、緋の御袈裟ほのかに見えたり、御むねのあたりより上は、御簾にさはりて見え玉はず、御袖ゆら〴〵とたをやかに見えさせ給ふわたり、いとやむことなくたうとし、げに人間の種ならぬともいひつべく、かしらさしあげて見奉るも、おそろしきやうにて、中々くわしくもえ見奉らず。

　『在京日記』にはまだまだあげたい記述もあるが、青春の宣長の情緒生活の一面は伝えられたと思うので、これくらいにしておこう。ここにあげた記事だけみても、遊学中の宣長が、当時の手堅い一般の商家の長男などでは、恐らく親の許しをえられそうにもない自由な生活をおくっていたことが知られよう。こうした自由な生活で豊かに養った彼の情緒性が、宣長独自の人間観をつくりだし、その思想を形成する糧となってゆく。

母の心配

だが、松阪にあって、ひたすら息子の医学修業が終わるのを願っていた母にとって、ときにもたらされる宣長の行状が、心配の種になったとしても不思議はない。母から京都の宣長に出した手紙には、母の愛情に裏打ちされたきびしい叱責の言葉もしばしばかかれていた。

宣長がしばらく母に便りをせず、彼の消息がとぎれた頃の宝暦四年七月二三日の手紙。

……人〳〵そもじ事ほめ居申候へば、此所取そこなひ候へばおやノはぢ申様はなく候。大ふかうと存候。よくよくかんがへ、大切の身の上、一人の母随分〳〵大切に守り申さるべく候。人にわらわれ、ゆびさし申されぬやうに心をつけ申さるべく候。かやうにおやの方へ文もこし申されぬやうの心ざし、さて〳〵がつてん参不申、そもじ一生の守り候所あんじ申候。さだめて外の心うつり、おや先祖ノ御事わすれゐ申され候かと心もと（ママ）、此うへ相ぞくのほどあんじ申候。（『本居宣長稿本全集』）

宣長が大酒するときき、驚いて急ぎ送った宝暦六年七月一九日の戒めの手紙。

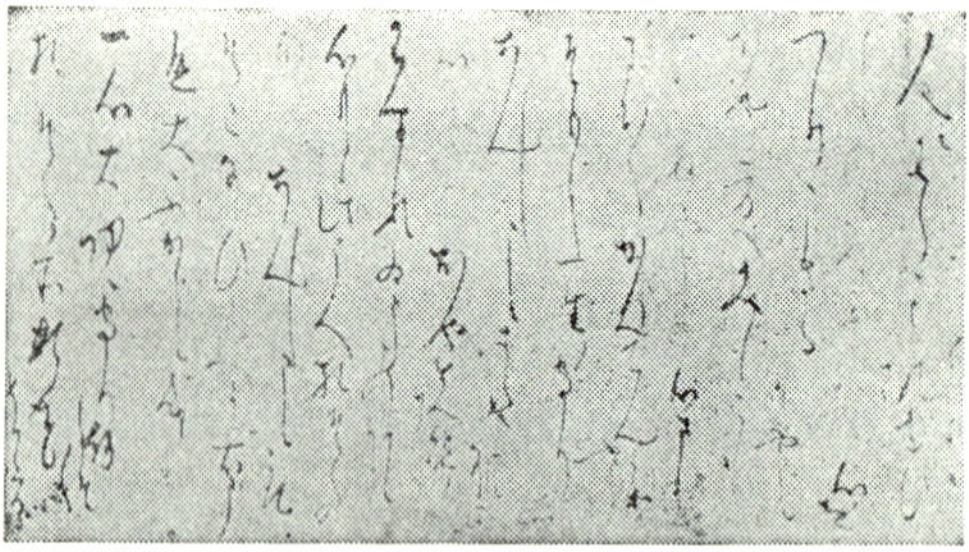

母お勝の手紙

　伊兵へ殿御物語にて承候へば、そもじ殿事との外大酒被致候様《いたされそうろうよう》に、其御地にて伊兵へ殿へ物語御ざ候よし　承《うけたまわり》申候。さて〳〵おどろき入候てあんじ申候。……人の事はよく見へ我事はしれぬもの故、すへ〴〵の事心もとなく朝夕おやの身にてあんじ申候。下地生れつき人よりは勝れよわく、生れつきさやうの人に生れ大酒被致候《いたされそうら》はゞ、当分身のさわりに成申さずおもしろきことと存られ候ても、何れ身のがひをなし申よし人々常々申事に候まゝ、おやへかう〳〵一大事と、そのうへ先祖も跡相ぞくも心がけ申され候御事に候はゞ、酒のみ申され候毎々に、おやへふかうと、われらが事もおも（ママ）出し候て、さかづきに三つよりうへたべ申されまじく候。もし又ふかくしい候人々御ざ候はゞ、遠方ながら母見てゐ申、かたく申越候故、日々のせい言（誓言）と存此うへたべ申さぬよし御申、かたく〳〵つゝしみ申さるべく候。（同上）

宣長は母にしばしば送金を依頼した。母はそのためかなり苦心していたようである。しかし母は宣長に無駄遣を戒めつつも、充分に送金できないので気の毒だと愛情をしめしている。宝暦七年六月二〇日の手紙。

　何か諸色高直《しょしきたかね》に候得ば一入《ひとしお》物入多く、扱《さて》〳〵なんぎにぞんじ候。そもじ方の三両位の事に心遣致し候も気の毒に候へども、段々方々無心申置候うへに候へば致しがたく存候。盆過候て又々しあん致可申《いたしまうすべく》候間、余りくろうに被致間敷《いたされまじく》候。しかし段々へり候へば、つゞまる所そもじめいわくに成候間、随分〳〵申迄はなく候へ共、壹分も無やくの事に遣申まじく様心がけ申さるべく候。（同上）

これらの母の手紙からわかるように、宣長は彼を案ずる母の視線を心に感じつつ、京都の生活を過ごしていた。そして、生計のために医を学ぶという基本的な姿勢を貫くことでは、決して母の期待を裏切りはしなかった。しかし、個々の日常生活や遊楽において、彼が母の戒めを守ったといえるかどうかそれは心もとないことである。酒を盃三ばいで止めはしなかっただろう。恐らく、宣長が自分の好みを変えようとしなかったことは想像できる。彼の京都の生活は、必ずしも母を安心させる、いわゆる勉学一筋といえるようなものでなかったのは、すでにみたとおりである。

遊学でえたもの

しかし、宣長はいかに気丈夫だとはいえ、また彼の生活に一喜一憂しながらきびしい戒めの言葉を吐く母だとはいえ、「そもじ殿事斗ぞんじ、此世の便（頼り）に存候……」（宝暦四・七・二三）と、宣長ただ一人を頼りにしている母の真情も痛いほど知っていたはずである。だとしたら、宣長が母を安心させたいと母への思いやりを深めたのは当然のことだった。この宣長の母への思いやりが、彼の青春の生活を、情緒的興感をみたす日常的遊楽の限界をこえ、放埒、放縦な放蕩へ堕落させない心情的な歯止めとして働いていた。この心情的なモラルを、後の宣長の思想に照らし合わせて考えれば、人間は教えを借りなくても、為すべきはなすという古道的道徳論の確信を、この頃の宣長が、古道思想という自覚はなくても、すでにいだいていたとみることもできるだろう。宣長の思想を考えるうえで、この確信は重大な意味をもっているのである。心情のモラルを内に含んだ宣長の若き日の情緒生活は、宣長にとって主情的な人間性の充実感を実感させる生活だった。いいかえれば、それは知性や理性では実感できない人間的価値の発見であり、宣長の和歌の学びに生命を吹き込むものにほかならなかった。この体感が、契沖の革新的な歌学を全面的に受けいれる心情的な基盤となっていた。

宣長の学問は京都遊学以後、歌学、文学と併行しながら古道の探求へと深まってゆくが、それは主情性こそが人間の本質だと押さえた彼が、その主情性を儒教や仏教の禁欲的、あるいは諦観的な教説に対抗しながら主張するための価値的な根拠の探求だったといわねばならない。京都遊学の六年間は、宣長の思想形成という面からみれば、自分の生活とかたく結びついた和歌の学びを直接の契機として、彼自身の思想を確立する端緒をつくった時期だった。

宝暦七年一〇月三日の早朝、去りがたい思いを抑え、彼は京都を後にする。宣長は二八歳になっていた。その朝はまだ暗く、いつも見なれた東山に名残をつげることもできなかった。「四方をのぞめど、やみの夜なれば、いづこもあやなくて、見なれし東山のかたちさへ見えず、いと口おし」。京都を去った日の『日記』にはこう記されていた。

Ⅱ　宣長学の完成

研究者宣長

医師開業

　宣長の学究生活は京都から帰って以後、その生涯が終わるまで続くのは勿論だが、彼の主要な歌論、文学論、さらには古道に関する著作が完成し、その思想が確立するのは、宣長四〇歳頃から五五、六歳の間である。歌論、文学論の完成はさらに早い三四、五歳頃だったと考えて間違いない。

　そこで、宝暦七年一〇月、彼が京都から帰ってから、その学問、思想を確立し、その自信のうえに立って、初めて紀州藩主に政治意見を開陳した天明七年(一七八七)までを一つの区切りとし、この間を宣長学の完成期として彼の生活を略述してゆきたい。

　松阪に帰った日の『日記』に宣長は「京師自《よ》り松坂《(ママ)》に帰り、本居春庵と称し、医事を行う」とかいた。しかし、宣長にとって、

宣長愛用の薬箱など（本居宣長記念館蔵）

医業はどこまでも生活の資をかせぐ手段にすぎず、宣長の目的は和歌・文学の研究から進んで古道を探求するにあった。

医のわざをもて産とすることは、いとつたなく、こゝろぎたなくして、ますらをのほい（本意）にもあらねども、おのれいさぎよからんとて、親先祖のあとを、心ともてそこなはんは、いよ〳〵道の意にあらず、力の及ばんかぎりは、産業をまめやかにつとめて、家をすさめず、おとさざらんやうをはかるべきものぞ、これのりながの心なり。（『家のむかし物語』）

この引用は、『家のむかし物語』の割註に記されたものである。その本文に、宣長は自分の真の志を、「京より松坂にかへり、これよりくすしのわざをもて、家の産とはして、もはら皇朝のまなびに心をいれて、よるひるいとはずいそしみつとめぬ」とのべている。

しかし、京都から帰ってしばらくの間は、京都に後髪をひかれる思いをたち切れなかったのも、事実のようだ。これは不調に終わったが、宝暦八年（一七五八）五月、武川門下の友人津戸順達から、京都の医師の跡取りとして養子の話があったときは、宣長はわざわざ京都に先方の家を訪ねるなど、大いに食指を動かしている。宣長の地についた学究生活は、これが破談になってから始まった。

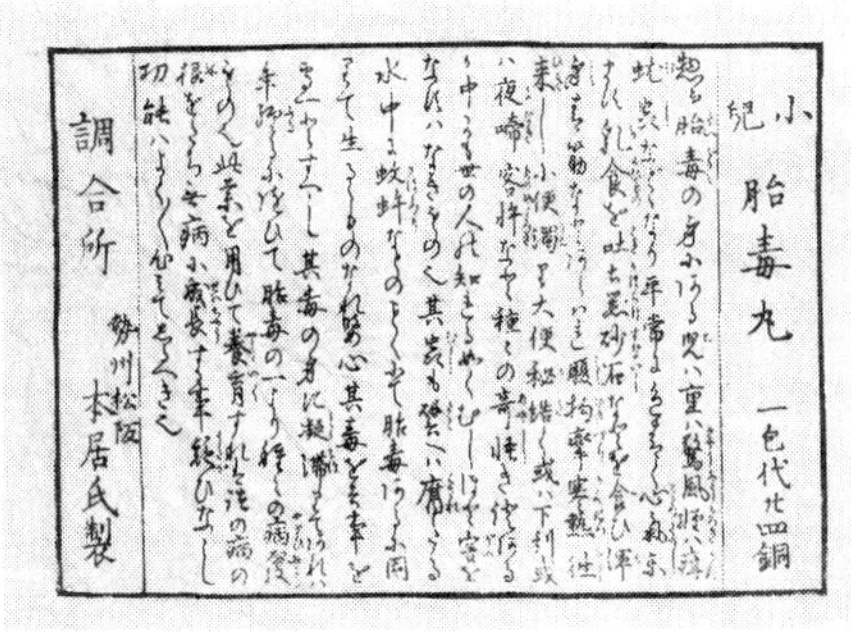

「本居氏製」薬の広告
（本居宣長記念館蔵）

賀茂真淵との出会い

本格的な学究生活が始まるとともに、和歌、文学とならんで古道研究への意欲が、宣長の心のなかで高まっていった。その頃読んだ賀茂真淵の『冠辞考』から強烈な刺激をうけ、宣長の古学への情熱は燃えあがったのである。初めてこの書物をみたとき、「あまりことゝほく、あやしきやうにおぼえて、さらに信ずる心はあらざりしかど」（『玉勝間』二の巻）と感じた宣長も、くりかえして読むうちに、真淵の説への理解が深まり、「ついにいにしへぶりのこゝろことばの、まことに然る事をさとりぬ」（同上）と、そのときの感想をのべている。

真淵の著作に接した後の宣長は、いままで尊敬しつづけてきた契沖の学説さえ、「かの契沖が万葉の説は、なほいまだしきことのみぞ多かりける」（同上）と批判的にみるようになる。宣長は古典を解明する文献学的な方法を、この『冠辞考』によって初めてはっきりと示唆されたのだった。

宣長が『冠辞考』以来尊敬おくあたわず、憧れの存在となった真淵に面会したのは、宝暦一三年（一七六三）五月二五日、三四歳のときである。そのとき真淵は六七歳だった。場所は松阪日野町の旅館新上屋の一室である。宣長が一生師と仰いだ真淵に会ったのは、この日ただ一度で、その後、真淵が死去するまでの六年間は、絶えず手紙で教えを受けていた。

たとえ一日だったとはいえ、宣長は『万葉集』研究が、『古事記』の解明に果たす重要な学問的意義を教えられ、古道解明の動かぬ道標を真淵に身をもってしめされたことは、宣長の学問的生涯

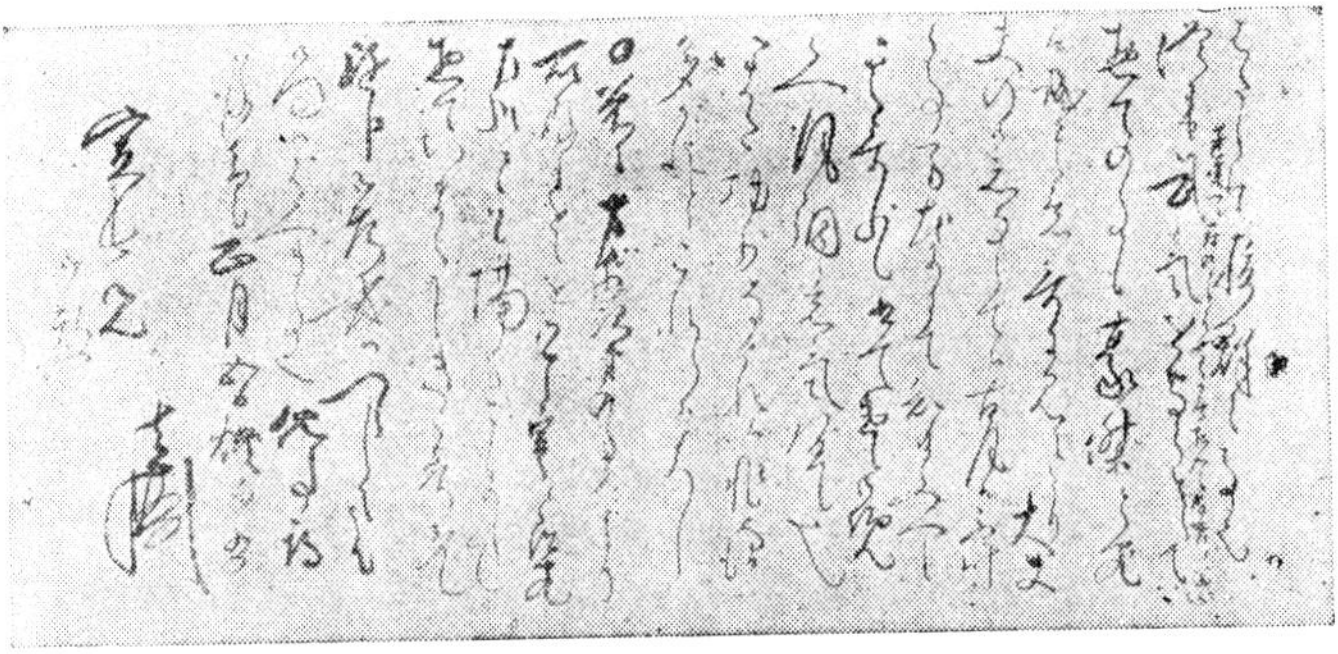

真淵の宣長あての手紙

にとって実に大きな意味をもつ一日だった。この日の『日記』に「岡部衛士当所一宿、始対面ス」と、宣長は簡潔に記しているだけである。その感慨は、文字で表すには余りにも大きかったことを、この簡潔な文字は物語っている。

宣長はこの日真淵に『古事記』を学ぶ志を告げた。真淵の教えは「そはまづからごゝろを清くはなれて、古のまことの意をたづねえずばあるべから」ざること、その古意を得るには、「古言を得たるうへならではあたはざ」ること、その古言を学ぶには「万葉をよく明らむるにこそ」あることなどであり、さらに初歩からこつこつと高いところをめざして研究を進めよということだった。宣長はこの日の教えを『玉勝間』(二の巻)の「あがたゐのうしの御さとし言」でこのように回想しているが、この教えはほとんどそのまま宣長の研究方法のなかに吸収されていったものである。

宣長が真淵から受けた教えのうち、とくに「からごゝろを清くはなれよ」という教えは、いいかえれば儒教的な合理的思弁を去って素直な感性に立ちかえり、日本の古典に接する際には、感情的な理解を大切にせよということであり、宣長が京都時代に開眼した和歌、物語の研究と基本的には同じ心情の基盤に立つ教えであって、宣長にとっては、なじみやすい適切な教訓だった。宣長はかくして主情的な人間性を、学問のうえで開花させるべき確信をつかんだのである。

この二人の新上屋における出会いを、村岡典嗣氏は『本居宣長』で、「要するに、吾人は、この両学者の間に於て、ともに高い学問の理想に燃えた二つの精神が互ひに励みあった美くしき貴き友情を認めるのである。新上屋の夜の光彩ある一幕は、決して一時の現象として消えてはならなかった」と賛美しているが、全く同感だというほかはない。

初めての講義

松阪に落ち着いてからの宣長の研究生活は、自ら学びつつ教えるという形をとって進んでいった。教えることによって自己の知識を再吟味し、さらに確実にするためである。文化的な伝統に培われた松阪の町人たちは、やっと松阪に落ちついたこの若い都がえりの学究のもとに集まってきた。

宣長の初期の門人は、松阪に帰った直後から、彼自らが主催した樹敬寺塔頭嶺松院の歌会に集まった同人たちであり、宣長の塾はサロン的な雰囲気に包まれていた。

最初の講義は、宝暦八年六月の『源氏物語』だった。源氏の講義は巻を追って毎年開講され、一通り終わればまた再開されるという風に、宣長の生涯が果てるまで、くりかえし続けられた。最初の講義が『源氏物語』だったことは、宣長の学問生活にとって大きな意義をもつ。それは宣長の京都時代の和歌、物語の研究、それと一体化した彼の情緒生活が、おのずから作り出した若き日の総決算だったといえるからである。

宣長は『源氏物語』の研究を、たんなる物語の註解に終わらせることなく、そこから、さらに掘りさげこの物語の世界を主情的な人間の生き方の理想的な社会としてとらえ、その意味を講義という形で表現していったのだった。

つづいて宝暦九年（一七五九）には『伊勢物語』が、同一〇年には『土佐日記』、『枕草子』、『百人一首改観抄』が、同一一年から『万葉集』がそれぞれ開講された。『万葉集』の講義は、安永二年（一七七三）、四四歳の年に一応終了し、しばらく間をおいて安永六年（一七七七）から再開され終生継続されている。

講義が軌道に乗り出した宝暦一〇年（一七六〇）、三一歳を迎えた宣長は、松阪魚町村田彦太郎の娘みかと結婚した。しかし、理由はわからないが間もなく彼女と離婚し、二年後の宝暦一二年（一七六二）、生涯の伴侶となったかつと再婚する。かつは津の漢方医草深玄弘の娘だった。長男健蔵後の春庭が生まれたのは、宝暦一三年、宣長が真淵に会う三ヶ月前の二月である。長男の誕生によって父親という自覚も生まれ、宣長の生活者としての地盤がかたまってきた。

健蔵が生まれ、真淵に会ったこの年は、歌論『石上《いそのかみの》私淑言《さざめごと》』、文学論『紫文要領』が出来上がった年でもあった。『石上私淑言』は、京都遊学の終わり頃にかいた『あしわけをぶね』を発展させ、「物のあはれ」の論によって和歌を論じたもので、『紫文要領』は契沖の文献学的な手法を駆使して、平安貴族の情の世界をきわめてリアルに展開した文学論である。個人の心情吐露を主とする和歌の世界を脱し、歌論と同じ「物のあはれ」の論を基調としながらも、貴族の情緒性豊かな人間関係を対象としているところに、この著作の特色があった。

恐らく宣長は、この『源氏物語』の研究によって、貴族の社会に限定されていたとはいえ、「物のあはれ」を心情のモラルとする人間社会が、かつて歴史的に存在したのだという確信をえたことだろう。いいかえれば、宣長はこの研究を通じ、個人にかかわる和歌の世界での人間の主情性を、物語の世界における社会性に結びつける広い視点を獲得したのだった。

こうした宣長の内面性の広がりは、京都時代の気ままな書生生活を楽しんだ段階から、松阪において家庭をもち、医を開業する社会人という段階に変化した宣長が、好ましい社会の姿を情緒の世界で求めたいという願望を、学問的に追求した結果生まれたものだと考えられる。

充実した学究生活　この時期の最も重要な学究活動は、真淵に会った翌宝暦一四年＝明和元年(一七六四)から、宣長が没頭した『古事記』の研究である。畢生の大著『古事記伝』はこの年に起稿され、三五年かかって、寛政一〇年に完成した。しかし、研究を始めたときすでに宣長には、『古事記』の世界は、まさに情緒性と社会性が完全に一致した神々の世界だという予感があったにちがいない。

明和年間（一七六四—七一）の講義には、『源氏物語』、『万葉集』のほか、『新古今集』、『古今集』など王朝風の歌集が加えられ、安永年間（一七七二—八〇）に入ると、従来から継続されていた古典のほか、有職研究の一端をしめす『職原抄』や、『栄華物語』、『狭衣物語《さごろもものがたり》』などいくつかの平安文学の会読が始まる。しかし、天明年間（一七八一—八八）、その思想が完成した頃の講義には、別に新しい試みはみられなかった。

この明和から天明の間に、『古事記伝』各巻が相ついで脱稿され、天明六年（一七八六）には上巻が完成し、出版準備が進められていた。この『古事記』研究のほか、この年間には、宣長の学問的、思想的生涯において、注目すべき仕事がなされている。その仕事は明和八年（一七七一）、宣長四二歳のときの著作『直毘霊《なおびのみたま》』である。この著作は後に『古事記伝』（巻一）に収録されたものだが、彼が『古事記』研究を始めてから五年目の成果であり、古道論として最も基本的な彼の思想をしめす著作だった。この著作は安永三年（一七七四）の講義に使用されている。

『古事記伝』、『直毘霊』につづく古道関係の著作は、安永六年（一七七七）、四八歳の『馭戎慨《ぎょじゅうがい》言《げん》』、これは天照大御神の国たる日本が、中国、朝鮮を統御すべきだという立場から、古代以来の中国、朝鮮との外交交渉を概言したもの。宣長の『直毘霊』を批判した名古屋の儒者市川匡麻呂《たずまろ》の『まがのひれ』を駁論して、安永九年（一七八〇）、五一歳のときにかいた『葛花《くずばな》』。この著作の序文には、市川の漢心《からごころ》に反省を促す意味をこめて、「嘗《なめ》て醒《さめ》よと、採《つみ》もて来つるこの葛花ぞ」と記されている。

ついで、天明五年（一七八五）、五六歳の『鉗《けん》狂人』。これは藤井貞幹の『衝口発《しょうこうはつ》』にみられる中国中心の歴史観を反駁したもの。翌六年古道の意義を和歌に託して説いた『玉鉾《たまぼこ》百首』、そして、この時期の終わり頃、天明七年（一七八七）五八歳のとき、紀州藩主の治道に関する諮問に答えてかいた『秘本玉くしげ』と、その前年の『玉くしげ』などがある。

とくに宣長が『古事記』研究にしめした自信はなみなみならぬものがあり、『古事記伝』出版の準備が進められていた天明六年三月一四日、飯田某に出した手紙には、『古事記伝』について、「大《おお》凡《よそ》古学の道は此書に尽くしてん心構へになん侍る」（村岡典嗣『本居宣長』）と、その自負心を吐露している。

この時期の文学、歴史関係の仕事をあげれば、次のようなものがある。さきにのべた『石上私淑言』、『紫文要領』につづき、明和五年（一七六八）の『万葉集問目』、『続紀宣命問目』、安永二年（一七七三）の『天祖都《てんそと》城辨辨《じょうべんべん》』、同八年（一七七九）の『万葉集玉の小琴』、『詞《ことば》の玉の緒』、天明四年（一七八四）の『万葉集問聞抄』、同七年（一七八七）の『国号考』、『呵刈葭《かがいか》』、翌八年の『宣命抄』などだった。『呵刈葭』は古代国語の音韻と宣長の著『鉗狂人』の内容をめぐり、上田秋成との論争を記したものである。

この時期の宣長の学問上の活動は、このようにめざましく、多彩かつ充実したものだった。とくにこの時期は、自らの思想、学問が確立したときであり、自己の学説に対立する論敵との激しい論争も目だっている。この間の著作については後にとりあげたいと思う。

市井の人として

地道な生活

このような学究生活の活躍とは対蹠的に、宣長のこの時期における日常生活は京都遊学時代のような華やかさはなく、全く地道なものだった。『日記』をみても、『在京日記』のような外面にまで溢れ出た生の躍動は感じられない。旅行も宣長学完成期三〇年間に、吉凶による親戚への訪問、四回ほどの伊勢参宮、山田への花見二回ぐらいで、ほとんど松阪を離れていない。旅行の名に値するものは、安永元年(一七七二)四三歳のときに、三月五日から約一〇日間、数名の同伴者と吉野に遊んだだけである。

しかし、そうした地味な日常生活のなかで、京都時代に芽生えた宣長の学問と思想は着実に成長していった。この地味な日常は、市井の人間として、社会人として、人間の主情性をいかに現実生活に定着させるかの実践だったといってもよい。その意味で、宣長の思想形成の場であった彼のこの間における日常生活を概観しておく必要がある。

松阪に帰ってからも、『古事記』研究に本格的に取りくむ宝暦一四年までは、宣長は京都で楽しんだ芝居や興業物には興味をしめし、なお、青春の余韻を残していた。ときどきどこそこで芝居が始まったという記事が、その『日記』に散見する。芝居だけでなく大相撲、曲馬、人形芝居などの記載も数々ある。しかし、宝暦一四年をすぎると、以後の『日記』からこの種の記事は姿を消している。

その半面、宣長の生活者としての自覚は、一貫してその『日記』ににじみでてきた。彼自身の結婚、子供たちの出産、家族近親者の消息、身辺の吉凶禍福、子女の初節句、寺子屋入り、家族の命日の法要などの身辺の雑事から、幕府、藩当局からの触書、役人の動勢、一揆、打ちこわしなど社会的事件、天災にいたるまで余すところなく、『日記』に記されている。なかでも米価の変動が毎年『日記』の終わりに記されていたことは、彼の生活者としての自覚の素直な表現だった。

宣長の生活者意識を端的にしめす米価変動の記録は、宝暦一〇年、明和四、六、七、八年を除き、宝暦九年から天明七年まで確実にかかれている。宝暦年間（一七五一―六三）はまだ諸色も安いと記され、彼の生活も楽だったろうが、たとえば宝暦一二年（一七六二）など、米価や諸色の変動が激しかった年には、その原因が幕府の大阪町人への過重な用金の賦課にあり、その影響が諸国に波及したからだという観察が記されている。宣長の生活者意識も、その頃にはすっかり地についてきたのだった。

宝暦年間にはおおむね安定していた物価も、宝暦の終わり頃から動揺しはじめる。宝暦一二年からは、米価「その外諸色皆上り、高直也」と記される日が多くなった。明和二年（一七六五）の暮には「諸色貴《たかし》」とある。宝暦一一年銭一貫で九俵買えた米が、この年は六俵しか買えない位に高騰していた。安永五年（一七七六）は銭一貫で米四・四俵となる。大へんな値上がりだ。

社会への関心

天明年間になると米価、物価の暴騰がつづき、一揆、打ちこわしが各地に続発して社会が不安になる。宣長はその不安な世相を正しくとらえ、『日記』に記すようになる。

天明二年（一七八二）、米価は銭一貫で三・三俵、翌三年は二・三俵、その翌四年は二・六俵である。この年の一二月の日記に初めて世上困窮の有様が記される。

「今年諸国之内凶年之国々有之、就中奥州仙台南部津軽辺大凶事、南部津軽辺者、餓死者過半之由」。翌五年の正月にも「世上困窮、乞食多、奥之飢饉者難レ尽二筆紙一」と記されている。翌六年、米価は銭一貫で二・二俵、「諸色悉大高直世上甚困窮」と記される。

天明七年（一七八七）五月、「米次第高直、諸国大困窮、但し在々はさほどにもあらず、町方甚困窮、十月頃大坂大騒動、其外南都、若山（和歌山）、兵庫、尼崎等所々騒動、不遑枚挙、二十日夜ヨリ二十三日頃マデ江戸大騒動、江戸市中前代未聞ノ騒動也」。六月の『日記』には米価は銭一貫で一・〇八俵、「前代未聞之高直也」と記されている。宣長が紀州藩主に『秘本玉くしげ』、『玉くしげ』

を提出したのは、この天明七年だった。

細々と医者の薬代と門下生の月謝で生計を立て、そのほかに現金収入の道をもたなかった宣長の生活は、米価ならびに諸物価の高騰にほんろうされ、苦しいものだったにちがいない。この狂乱物価、米価も天明の末から寛政に入って徐々に沈静し、高価ながらも安定していった。寛政に入ってからの宣長の日記には、世上不安の記述はみられない。

宣長の『日記』にみえる天明の飢饉は、近世三大飢饉の一つといわれるほどのものだった。大飢饉は天明三年から始まったが、この年は前年の暮から正月にかけて異常な暑さで、五月中旬には急に冷え込みがきびしくなり、全国的に完全な凶作に見舞われた。

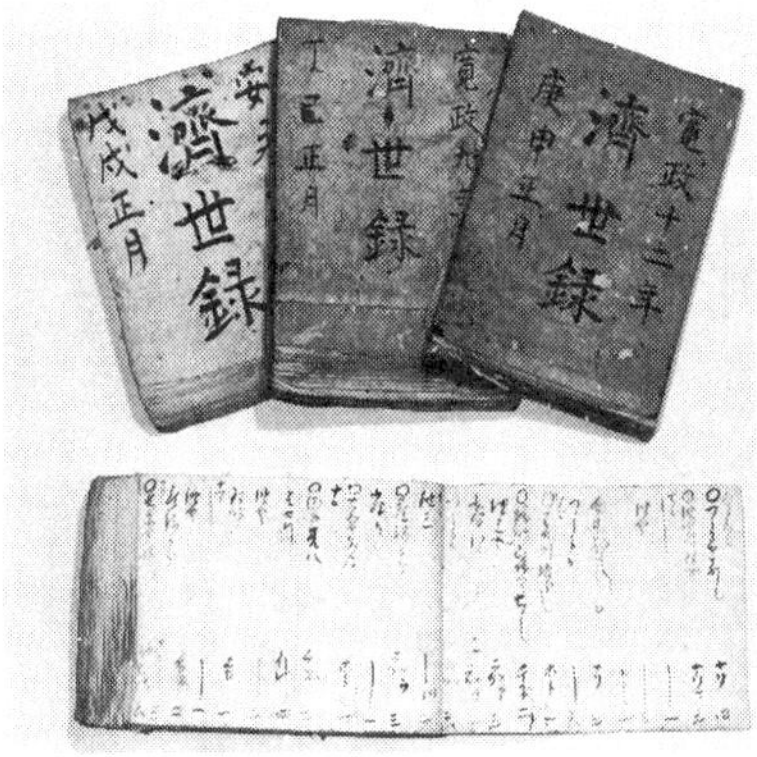

「済世録」（本居宣長記念館蔵）

関東から東北の被害はとくに甚大で、津軽藩は八万一、〇七二人の餓死者を出し、南部藩は六万六九〇人、仙台藩は四〇万人の餓死者を出した。全国的にみて、餓死者数十万人といわれている。こんな大凶作が数年つづいたのだから、封建経済の基盤が大きく揺らいだのも当然のことである。

それに加えて、天明三年七月には浅間山の大噴火があり、関東の利根川筋では二万人の死者を出している。宣長も松阪で噴火による地鳴りを耳にしたと七月の日記にかいている。彼は戸障子が鳴り出し、から臼をふむような音がして、恐ろしくて眠れなかったのだ。

この大凶作につけ込んだ悪徳商人は米を買い占めて米価をつり上げ、余裕ある諸藩は近隣の災害を救済するどころか、米の領外搬出を禁止する津留めを実施し、米不足に悩む江戸、大阪に米を運んで藩財政の回復をはかった。幕府はこの悪辣な商人や諸藩の行為に何ら適切な手を打たなかったのである。

宣長の『日記』は、彼がいかに市井の生活者としてリアルな意識をいだいていたかを、余すところなく表しているが、なお、宣長が医師として生きた地道な生き方をしめすに足るものとして、彼が患者、調剤、薬代などを克明に記入した「済世録」という帳簿が、一部現存していることを指摘しておく。

生活の明暗

では、この時期の宣長の日常はどのようなものだったのか。『日記』を頼りに生活上の出来事をみておきたい。

宣長が夫となり父となったことはすでにのべた。明和四年(一七六七)正月、次男栄次郎、後の春村が生まれた。宣長三八歳である。春村は天明四年(一七八四)、津の薬種商小西家の養子となったが、実父宣長にはいつも孝心を忘れず、手許不如意がちな宣長の生計上の面倒もよくみていた。

明和五年正月元日、母お勝が病没。六四歳。この年は宣長にとって暗い年だったが、翌年の一二月四日にも、宣長の敬愛する師真淵の死を知らされた。この日の日記。「師賀茂県主十月晦日酉刻卒去之由、同門揖取魚彦よりこれを告ぐ、其状今日到来、哀惜に堪えず」とある。母に続いて恩師を失った宣長の悲嘆は想像に余りあるものだった。しかし、明和七年（一七七〇）正月、四一歳のとき長女飛驒《ひだ》が生まれた。久しぶりに宣長の笑顔が蘇ったことだろう。

安永元年（一七七二）三月、宣長は一〇日ほどの旅に出た。四三歳のときである。吉野の花見と大和路観光のためだった。同伴は門人五人である。このときの紀行文を『菅笠日記』という。一三歳の年に吉野水分神社に詣でて以来三〇年目の再訪だった。『菅笠日記』にこうのべている。

漸《やうや》う人と為りて、物の心もわきまへ知るにつけては、昔の物語をきゝて、神の恵のおろかならざりしことをし思へば、心にかけて朝ごとにはこなたにむきて、をがみつゝ、又ふりはへて詣でまほしく、思ひ渡りしことなれど、何くれと紛れつゝ過ぎこしに三十年を経て、今年又四十三にてかく詣てつるも、契あさからず、年頃の本意《ほい》かなひつる心地して、いと嬉しきにも、おちそふ涙は一つなり。（『本居宣長全集』）

安永元年といえば、宣長が『古事記』上巻の研究も終え、『直毘霊』をかいた翌年にあたる。神の時代、上古の日本への信仰もかたまっていた。崇敬おくあたわざる古代文化のメッカ大和への旅は、大きな期待と感動を宣長にいだかせたことは間違いない。

村岡典嗣氏は宣長のこの旅を高く評価し、「彼がこの旅行によって、古文明の故地を訪ひ、古典の実跡を踏査して、学問上に幾多の功果を得、思想上に幾多の影響を得たことは、言ふを俟たぬ」

宣長の書斎（鈴屋）

（『本居宣長』）と、その意義を強調している。

吉野の旅の翌年、次女美濃《みの》が生まれ、安永五年（一七七六）、三女能登《のと》が誕生した。宣長四七歳、最後の子供だった。安永九年（一七八〇）四月一四日、医学の師武川幸順死去の報をうけとる。

天明二年（一七八二）、五三歳になった宣長は、この年の暮、二階に四畳半の書斎を増築した。この書斎が、床柱に三六の小鈴を赤い緒でつらねてさげてある有名な鈴屋である。翌三年新しい書斎で初めて歌会を開く。

天明五年（一七八五）一一月、次男春村に長男次郎太郎が生まれた。外孫だが五六歳の宣長の初孫である。宣長はこの初孫が可愛くて仕方がなかったようで、春村や養父小西政深への手紙のたびに孫のことにふれていた。翌六年、長女飛騨が宣長の妻かつの甥草深玄鑑と結婚、宣長一家にとって初めての娘の婚儀だった。しかし、飛騨は寛政八年（一七九六）に離婚、同九年、四日市の高尾九兵衛と再婚している。

『日記』からみて、この時期の宣長の日常は、母や恩師の死や、子女の結婚、初孫の誕生、憧れの吉野、大和路の旅行など、宣長個人にとっては重要な出来事ではあったが、宣長自身の思想や身辺に変化を及ぼすような事件は全くなかった。ただ京都時代とは打って変わった社会人、生活者としての強靱な息吹が、その『日記』から感じとられるだけだった。

こうした生活者としての意識は、同時に宣長の医師に対する職業的自覚とも重なりあっていた。医師春庵の自覚を明らかに物語る一つの書翰をあげておこう。それは天明元年（一七八一）一二月九日の田中道麿宛のものである。

前略、其後寒中弥御安全御坐《ござ》被成候哉《なされそうろうや》、承度奉存候。此元《ここもと》社中無事ニ候也。併十月霜月両月之間、大に風病流行いたし、甚俗用しげく、一向に学問事廃し、漸此間少々手透を得たり。夫故《それゆえ》右ノ御返事、甚致延引候。（奥山宇七篇『本居宣長翁書簡集』）

風邪が流行し、その治療に忙殺され、大好きな学問もかえりみない医師春庵の真剣な姿が、ここにみられる。

宣長学の宣揚

『古事記伝』完成　この時期は天明八年（一七八八）、宣長五九歳から享和元年（一八〇一）九月二九日、七二歳で死去するまでの一四年間、宣長が老齢をかえりみず、古道論の宣揚に力を費した時期である。天明八年は、ちょうど田沼時代が幕を降ろし、老中松平定信が将軍補佐役として、幕政改革に乗り出そうとする年にあたっていた。

宣長は田沼の重商政策や放慢な思想政策に象徴される社会的な土壌に咲いた人間の主情性尊重を基礎づける古道論を、いわば自らの思想的土壌とは対立する定信の農本主義政策、異学の禁にみられる思想統制政策に象徴される社会的土壌において、社会的に宣揚し、定着させる努力を傾けたのだった。

古道の宣揚は二つの方法によって行われた。その一つは『古事記伝』全巻の完成と、その公刊をはじめとする古道論的著作の出版である。その二は、京都、名古屋、和歌山などの大都市において、市民社会はもとより、公家社会、武士社会をも射程に入れた門下生の拡大である。そのため宣長が行く先ざきで精力的に講義活動を行ったことも無視してはならない。まず、この時期の宣長の研究活動からのべることにしよう。

『古事記伝』上巻は前期の末に完成し、出版の準備に入っていたが、この時期には、毎年一、二巻づつ註釈を進め、寛政四年(一七九二)、六三歳のとき、第一八巻から第三一巻までの註釈を、『古事記伝』中巻として完了し、その後六ヶ年を費して六九歳の寛政一〇年(一七九八)六月一三日、第三二巻から四四巻にいたる註釈を終わり、三五年をかけた畢生の大業は完成した。

『古事記伝』の出版は、名古屋藩家老で宣長の熱心な門下生だった横井千秋や、同じく名古屋の門下生阪木師植松有信などの献身的な協力で、寛政九年(一七九七)上巻が公刊された。しかし、中巻、下巻は宣長の生前には刊行にいたらず、全巻が出版されたのは文政五年(一八二二)だった。

『古事記伝』を完成した宣長は、その年の六月一七日、友人荒木田久老への手紙で次のような感慨をもらしていた。

私古事記伝も、当月十三日全部四十四巻卒業、草稿本書立申候明和四年より書はじめ、三十二年にして終申候。命の程危く存候処、皇神《すめがみ》之御めぐみにかゝり、先存命仕候間、生涯之願望成就仕、大悦之至存候儀に御座候。乍慮外御観可被下候。(『本居宣長翁書簡集』)

この手紙で宣長が「明和四年より書はじめ」とのべているのは、清書を始めたのが明和四年だという意味である。すでにのべたように『古事記』の研究、『古事記伝』の起稿は明和元年に始まっていた。

寛政一〇年九月一三日の日記。「宵曇深更月清。今夜当家に於て月見会。是古事記伝終業慶賀会ノ也」とある。宣長は『古事記伝』の終業を祝して、

ふるごとの書をしよめばいにしへのてぶりことごとひき見るごとし（『鈴屋集』）

と詠んだ。

さらに宣長は『古事記伝』完成記念行事として、全国の知人、門弟から、『古事記』の神々や人物を題材にした和歌を募集し、『古事記頌題歌集』を編集した。三一五首の和歌集である。生涯かけた事業完成の記念としてふさわしい行事だった。

この『古事記伝』の完成のほか、古道関係の著作としては、寛政八年（一七九六）七月、六七歳のときに『天祖都城辨辨』第二稿を、寛政一〇年には『伊勢二宮さき竹の辨』、『神代紀髻華山蔭《うずのやまかげ》』をかいた。この年、宣長の研究体験を基盤にして、初学者のために学問手引をかいた『初山踏《ういやまぶみ》』がつくられる。寛政一二年（一八〇〇）には、天明五年頃執筆された『臣道《おみのみち》』が出版されたほか、『歴朝詔詞解』がつくられ、宣長死去の享和元年（一八〇一）には、安永六―八年（一七七七―九）頃の門人との質疑の記録『鈴屋答問録』が出版されていた。

文学、歌学関係では、寛政元年（一七八九）『続日本後紀長歌訓点』、寛政三年『新古今集美濃家《いえ》苞《づと》』、寛政六年（一七九四）『古今集遠鏡』、寛政八年『源氏物語玉の小櫛』、寛政一二年『古語拾遺疑斎辨』などが、この時期につくられた。なお、この間の著作として逸することができないものに、

寛政五年、六四歳の宣長が、正月からかきはじめた随筆『玉勝間』、寛政一〇年に脱稿した『家のむかし物語』などがある。

これらの著作活動と併行して講義が行われていたのは以前の時期と同様だった。だが、旅行がちなこの時期は、講義はそれほど規則正しく行われてはいなかった。この時期の講義は、主として『源氏物語』の各巻、『古今集』、『新古今集』、『伊勢物語』、『古語拾遺』など従来と同じ平安時代の和歌、文学をはじめ、新しく加えられたものには、『祝詞《のりと》式』、『中臣祓《なかとみのはらい》』、『大祓詞《おおはらいのことば》』、『神賀詞《かんよごと》』など神道関係、『延喜式』などの法制関係、『日本紀神代巻』などの古典がある。

鈴屋社の組織

京都から帰った翌年の宝暦八年(一七五八)から取り立てた門下生は、漸次増加し、この時期には全国四四ヶ国におよび、「授業門人姓名録」によれば、総数四九三人を数えるにいたっている。しかし、伊勢国が断然多くて二〇〇人、半数に近かった。伊勢以外の国々の門人のほとんどは、安永年間(一七七二―八〇)、宣長四〇歳代以後の入門者だった。この現象は、宣長の学問的名声が全国的に高まり、『古事記伝』の完成が、それを決定的にしたことに照応する。

宣長の学塾、つまり鈴屋は、この門人の増加につれて組織立ってきた。初期は嶺松院歌会のサロン的な雰囲気をもつものだったが、やがて学塾としての規律を尊重するようになり、宣長が鈴屋社を組織した安永二年（一七七三）頃から、毎年門人帳を作成し、門人に「入門誓詞」を提出させるようになった。

誓詞の内容は師弟の儀を忘却しないこと。公の制法に従い、異様の行い、奇怪の説を説《とな》えないこと。秘伝口授を申し立てないこと。宣長死去の後も、門弟相互親睦を失わないことなどだった。晩年の寛政一一年七月には、鈴屋社の規約をつくり、「詠草添削並講釈御聴聞之儀も、入門無之輩は許容之限にあらず候」という箇条のほか、無断欠席の禁止、歌会講筵参加の服装、正月歌会の服装などを規定した（芳賀登『本居宣長』）。

宣長は門人に対し、つねに寛大な態度で接し、親切に指導していたが、道に外れた行為をした門人を破門したことが一度ある。その門人は天明四年（一七八四）に入門した三河吉田の熊野神社社司鈴木梁満だった。鈴木が京都吉田家の威光をかりて、吉田領の小社の神官から金銀を取り立て、あるいは小社の木を伐り出してそれを売り、代金を着服していた事実が宣長にわかったからである。

貴兄義兼而愚老方へ御入門被成《なされ》、師弟之約ヲ成シ申候所、近来承候へば、御職分之儀に付、貴国神職之衆中へ対し、如何敷御義《いかがはしきおんぎ》共有之候由、風聞御座候。然共よもや左様之品は有之間敷義と存居申候所、其後方々より承候に、彌《いよいよ》相違無之趣相聞え申候。右は古学御執心には似合不申、俗情鄙劣《ひれつ》之御振舞、殊に神慮之程難計、愚老門人と御名乗被成候事、甚迷惑存候。因 茲乍ニ気之《よってここにおきのどくな》毒《がら》一、自今師弟之義永ク令ニ改変《かいへんせしめ》一候間、左様に御心得可被成候。（『本居宣長翁書簡集』）

これがその破門状である。

晩年の宣長が学塾の組織化、門下の統制に心を配り、きびしい態度で門人に臨むようになったのは、自分の死後の鈴屋社中の命運を案じてのことだったと考えられる。

研究ならびに教育活動による古道宣揚は、ほぼ以上のとおりであったとして、旅行や門人の拡大による古道の宣揚は、どのように実践されたのか。

古道宣揚の旅

宣長が古道をひろめたかったのは、何よりも京都、名古屋、和歌山だった。行くさきざきで、宣長は精力的な講義活動を実践した。寛政元年（一七八九）から享和元年（一八〇一）、六〇歳から七二歳の間に、前後一〇回の旅行を試みている。

第一回の旅行は寛政元年、六〇歳の名古屋行き。このときは春庭と門弟稲掛大平《いながきおおひら》を同伴。名古屋の門下の招きに応じたものである。この旅行で名古屋とその近郊に門下二十余名を獲得。第二回は寛政二年の京都行き。その目的は天明八年（一七八八）に炎上した皇居が再建され、光格天皇が行在所の聖護院から還幸するのを拝観するためだった。このときも、春庭、大平らが同伴。三〇年ぶりの京都旅行である。

第三回は寛政三年（一七九一）八月、眼病を患った春庭の治療のため、尾張海東郡馬島の明眼院に行った旅行。第四回は寛政四年六三歳の名古屋旅行である。この旅行で二七人の門下生をえた。第五回は寛政五年の上京。このときも春庭、大平を伴っていた。京都滞在中に大阪もたずねている。
この上京で公家の歌人芝山持豊の伝手により、天台座主真仁《しんにん》親王に謁し、『古事記伝』の一部と『詞の玉の緒』を献上、宣長はこれを無上の光栄だと感激していた。京都歌壇の著名な歌人加茂季《すえ》鷹《たか》や小沢蘆庵《ろあん》、伴蒿蹊《ばんこうけい》に面会したのもこの旅行でだった。

第六回は、寛政六年三月の末、六五歳の名古屋行きである。名古屋やその近郊で講義をし、古道普及に努力した。第七回は同じ年の一〇月から約三ヶ月間の和歌山行きである。これは、寛政四年、五人扶持をもらって和歌山藩の医師に取り立てられて以来、最初の藩主の召命によるものだった。和歌山では藩主や一門に『中臣祓』、『源氏物語』、『古今真名序』などを講義した。この講義の功により、宣長は奥医師の列に加えられ、扶持も加増されている。

その帰途、大阪をへて上京し芝山に会う。今度の旅行で、和歌山において四十余名の門下生を獲得することができた。

第一回から第七回までの旅行は、毎年の試みである。なかには年二回の強行軍もあった。若い人人でさえ、旅行が簡単ではなかったこの時代に、いかに宣長が旅行好きだったとはいえ、その年齢を考えるなら、古道普及に情熱をいだいてこそ出来た大へんな仕事だった。

第七回の旅行が終わった寛政六年から四年間、宣長は再び書斎の人となる。寛政一一年（一七九九）の正月、七〇歳の賀を祝った宣長は、また旅の人となった。

第八回の旅行はこの年の正月の和歌山行きである。このときも藩主に『源氏物語』を講じたが、和歌山からの帰途、三度目の水分詣でのため、吉野に立ちよっている。九回目の旅行も寛政一二年一一月から翌年三月にかけての最後の和歌山行きだった。藩主の召命によるものである。今度も藩主に『源氏物語』、『古語拾遺』を講じ、その功で奥医師より上格の奥詰医師の列に加えられ、宣長は感激した。

和歌山から帰って一ヶ月もたたない享和元年（一八〇一）三月の末、宣長は京都に旅立った。これが最後の旅行となった。数名の門人が同行したのである。

京都での成功

この時期の旅行はすでにのべたように古道の宣揚が目的だった。宣長は名古屋、和歌山では一応成功していた。しかし、肝心の京都では伝統思想の壁にはばまれ、宣長の古道思想がうけ入れられなかった。寛政五年の上京のとき、宣長は堂上社会に古い心をたずねる人がないとなげき、門下の沢真風に「をさ〳〵に、見えず聞えず、いかなれや、然にあるらん、いかなれか、かくしあるらん」（『結び捨たる枕の草葉』）と長歌を詠んで悲しみを表した。

だが、宣長や門下の努力で、寛政一一年頃になると、ようやく伝統の壁もくずれかけてきた。宣長は寛政一一年八月、真淵門下の歌人加藤千蔭にこうかいている。「京師も追々古学開ヶ申候様子、大慶仕候」（『本居宣長翁書簡集』）。宣長はこれに力をえ、この最後の旅行において、公衆、堂上の間に古道を宣揚したいと念願していた。

この上京で宣長は、四條通東洞院枡屋某の家を宿舎にしていたが、ここでほぼ連日にわたって開講し、『源氏物語』、『玉くしげ』、『古語拾遺』、『万葉集』などを講じたが、聴講者のなかには、数名の公家とその家臣十数名がいた。

ときには、公家の名門中山愛親《なるちか》から招聘され、その屋敷で開講することもあり、公家上層の人々十数名が受講した。宣長が最後の上京で堂上社会にその学問を教授できたことは、宣長の大きな喜びだった。彼はこの喜びを享和元年五月二三日付の春庭宛の書翰で、「我等事其後次第に大当りに而、堂上方地下共追々古学行ハレ、杈《また》々致大慶候。日々堂上方御入来、客来しげく、其上度々中山殿へ参り、色々事多く、心配にてくたびれ申候」(同上)と報じている。

最後の京都旅行から松阪に帰ったのは、享和元年六月一二日。それから約三ケ月後の九月一八日に病床につき、九月二九日に逝去したのである。法名を高岳院《こうがくいん》石上《いそのかみ》道啓居士《どうけいこじ》、諡《おくりな》を秋津彦美豆桜根大人《あきつひこみつさくらねのうし》という。

宣長晩年の古道宣揚活動は、書斎生活の殻を破って、はじめて積極的に街頭に進出した生活だった。したがって、かなり緊張度の高い生き方だったと想像される。しかし、宣長は『古事記伝』の完成という前人未踏の学問的大業をなしとげた自信に支えられ、精力的にこの活動を進めたのだった。その結果、宣長の学問的名声は動かぬものとなり、鈴屋学統の基礎も固まった。

しかし、『日記』を通してみた宣長の日常生活は平凡なものであり、そこでの宣長は心の悩みにたえる強靱さを内に秘めながら、夫として、父として、ときには祖父として心の暖かさをにじみ出させる好々爺だった。晩年の宣長の家庭生活は、彼が大切にした人間の主情的な生き方を、ほのぼのと感じさせるものである。

だが、その平凡な日常のなかに、ときに凡人ではとうていなしえない生き方への確信がちりばめられていた。そこに人としての宣長が、一貫して生きぬいてきた自分自身への忠実さがみられるのである。

晩　年

心を患わすことども

晩年の宣長の心を患わしたものは、何といっても長男春庭の眼病だった。春庭は寛政三年（一七九一）二九歳のころ発病し、六年に失明した。尾張馬島の明眼院で治療をうけていた春庭に宛てた宣長の手紙は、病勢の一進一退を喜び、かつ憂い、父としてその専門の医学の知識を交えつつ、真心こめてこまごまと注意を与えているものであり、病身の子をもつ親の苦悩が、まざまざと表現されていた。

春庭の病勢が進むと、名医がいるときけば、京都、大阪へと春庭を治療につれてゆき、失明後は針術修業のために、春庭を京都に遊学させ、あるいは不自由な春庭のよき伴侶をさがすなど、宣長はこの眼を病む息子のためにできるだけのことをしてやった。

春庭は幼時から父の学問をうけて勉学し、眼を病む直前まで父の『古事記伝』の清書の手伝いもしていた。失明の後も彼は志を捨てず、とくに宣長の国語学を発展させ、すぐれた仕事をしていたのである。宣長の没後、春庭は後《あとの》鈴屋の大人《うし》といわれ、松阪にあって、門人を率い父の学統を守っていたのだった。

春庭の失明についで、宣長の心をいたませたのは、幼い孫たちの死ではなかろうか。彼自らが小児科医だっただけに、自己の無力をひとしお感じたにちがいない。寛政二年二月、長女飛騨の子俊蔵が疱瘡《ほうそう》で死んだ。四歳の可愛いいさかりだった。前年の秋には、母と一緒に宣長の許に半月余り遊びにきていた孫だったのである。一一月には春村の娘小好が三歳で死去。小好の死といれかわりに飛騨に娘通が生まれたが、これも寛政八年（一七九六）一〇月に世を去った。

寛政五年七月には、次女美濃の娘峯が二歳で死去。この孫は同じ松阪の湊町に住んでいただけに宣長には身近な子供だった。寛政八年、草深氏と離婚した飛騨は、寛政九年四日市の高尾氏に再婚して一一年に男子を設けたが、その子もまた翌年五月、二歳で死んでしまった。

寛政一一年の六月は、山田の安田氏に嫁していた末娘能登に女子が、飛騨に男子が生まれ、その喜びが大きかっただけに、飛騨の男子が死んだ悲しみは深かっただろう。

本居春庭像

寛政二年から一二年の間に、可愛いい五人の孫たちを失った宣長の悲嘆は察するに余りあるが、そのほか、この間に宣長は多くの親しい人たちと別れている。寛政二年一二月には京都時代に世話になった叔父村田清兵衛が八三歳で、寛政八年八月には妻の兄草深玄弘が六三歳で、九年一〇月には実弟村田親次が同じく六三歳で、一〇年には春村の養父で、宣長の経済上の恩人だった小西太郎兵衛が五四歳で、享和元年には妹しゅんが六二歳で、次々と不帰の客となっていった。

こんな不幸のなかにあって、家庭の宣長をなぐさめたのは寛政七年の能登の結婚、同九年の飛騨の再婚、同年、かねがね心配していた春庭の結婚だろう。その嫁が実弟親次の遺児だったことは、宣長の大きな安心だった。

しかし、実家はもとより、息子や孫のところへ出かけがちな妻かつの留守中や、娘たちが里帰りから婚家に帰っていった後など、宣長のさみしさは晩年になるほど大きかったようである。とくに妻の長い旅行には、宣長も世間普通の亭主と同じように、「こまる」、「こまる」の連発だった。寛政九年四月一一日、妻の留守中、長女飛騨に宛てた手紙。

扨此方留守の義、御あんじ玉ハるまじく候。夜々はおたみ、げん、かはる〳〵とまりに参申候。よしも此間は参居申候。乍去《さりながら》御存じの通、我ら家内世話きらひニ而、留守扨々こまり申候。物のおき所も一向不存、まいど〳〵入用之物たづね候にこまり入申候。（『本居宣長翁書簡集』）

尚々おのとも先日より参り、いまだ致逗留居申候。晦日に帰り申候積りに御座候。此跡家内殊外さびしく相成可申、且又家内用事不自由に相成、大にこまり申候（同上）。

これは寛政九年正月二七日、京都の春庭に出した手紙の一節だが、これには家族との心のふれ合いを大切にする宣長の心境、他家に嫁した娘の里がえりを喜び、その娘が帰ってゆく日を想像してさみしがる老いた父親の感傷が、いたいほど表現されている。

晩年の宣長について語るとき、忘れてならないことが二つある。その一つは和歌山藩への仕官であり、その二は宣長の遺言である。

和歌山藩仕官

和歌山藩からの招聘は、宣長六一歳の寛政四年一二月のことである。扶持は五人扶持、身分は医師だった。これは勿論宣長の医師としての腕が買われたからではなく、彼の国学の名声が買われたからである。宣長は松阪居住のまま和歌山藩に仕えることを許されていた。

仕官の話があった翌日、宣長は春村に「先以難有仕合に奉存候。御悦可賜候。御扶持はいささかの義ながら、被召出ト申儀は、外々之御扶持被下候例とは格別に而、全く御家中に相成候事也」(同上)と報じ、その喜びを息子と分かちあっていた。

和歌山藩がそれまで宣長には目もくれず、寛政四年になって急に仕官を求めてきたのにはわけがある。それは同じ寛政四年に加賀藩から藩校明倫堂の国学学頭として、宣長を禄二、三百石で招聘したいという申し出があったからである。この加賀の招きは宣長の希望が加賀藩にいれられず不調に終わったが、和歌山藩は他藩から声がかかったこの著名な学者を放置しては、藩の不明を天下に暴露することになると恐れたからだった。

宣長は加賀から招かれたとき、門人がかいたような体裁で、彼からの条件を加賀藩に差し出している。

相尋申候処、本居存心は、最早六十歳に余り、老衰致候事ゆゑ、仕官もさして好不申、まして遠国などに引越申候義、且又江戸を勤申候儀などは得致間敷候。乍去、やはり松坂居住歟《か》、又は京住と中様成義に而も御座候はば、品に寄り御請申候義も可有之候。……右之通本居被申候《もうされそうろう》義《ぎ》に御座候。左候へば京住歟、又は松坂住居之まゝに而御座候はゞ、被参候義《まいられそうろうぎ》可有之《これあるべし》と奉存候。江戸勤《つとめ》は甚嫌之由に常々も被申候事《もうされそうろうこと》に御座候。且又御国（金沢）に引越などの積りに而は御相談出来申間敷候《できもうすまじくそうろう》。（佐佐木信綱『増訂賀茂真淵と本居宣長』）

晩年の宣長は経済的には決して楽ではなく、何かにつけて、春村に金銀借用を頼んでいた。しかし、たとえ高禄を提供されようとも、自分の嫌な遠国住まいや江戸住まいを要求されるならば、たとえ相手が加賀百万石だろうときっぱり断るところに宣長の生き方があった。若き日の宣長が、自己の好みに従って青春を謳歌した頃と、この生き方はいささかもちがわない一貫した彼の姿であり、とても平凡な人間のなしうるものではなかったのである。

奇妙な遺言

次に宣長の遺言についてであるが、宣長の遺言はただ一つ、それもきわめて奇妙なものだった。遺言の内容は、死後の葬儀と自分の墓について記したもので、寛政一二年（一八〇〇）七月、春庭、春村宛に書き残したものである。

葬儀についての宣長の注文は、世間並みの仏式の葬儀と、宣長の独創にかかる神式の葬儀、この二つの葬儀を、自分の死後に行えというもので、遺体は彼の菩提寺である樹敬寺ではなく、松阪郊

宣長の二つの墓　山室山（左）と樹敬寺（右）

外山室山にある妙楽寺境内の裏山に、「夜中密に」埋葬せよと指示されていた。

したがって、仏式の葬儀は遺体のない「空送《からたび》」で、樹敬寺で行えというものだが、山室山の墓については、図をそえて詳細な説明がなされ、この墓地には、山桜の良木を植えよという希望がのべられていた。

宣長の死後、葬儀は遺言通りに実施され、墓も二ヶ所に建てられた。しかし、この二つの葬儀は、松阪奉行所の不審をまねき、「追而、いづれぞより、尋等有之候節《たずねなどこれありそうろうせつ》、申抜き六ヶ敷《むつかしき》筋に而可有之《これあるべく》被存候《ぞんぜられそうろう》」と難色をしめした。これに関して小林秀雄氏は「この人間の内部には、温厚な円満な常識の衣につゝまれて、言はば『申抜むつかしき筋』の思想が燃えていたと言ってよい」(『本居宣長』)とのべている。

「申し抜きむつかしき筋」かどうかは別として、この遺言書はたしかに宣長の思想そのものを表現しているといってよい。宣長の思想が到達した古道論は、一方において非合理な情緒性を人間の本質だと押さえ、他方において、いわゆる世間並みの慣習に従って生きることをも、人間の本来的な保守的性情だとみ、世俗の権威に逆らう生き方を否とするものだった。

樹敬寺の「空送」は、世間の常識に従った通常の葬儀であり、山室山で「夜中密に」行われた葬儀は、理屈では割り切れない宣長独自の主張だった。いいかえれば、宣長が自らの好みに忠実に生きる最後の証しだったといってもよい。

青春の宣長が生活してみせた奔放な生き方は、松阪へ帰って後の中年から老境への彼の生活では、表面的にはその姿を消していた。だが、今や宣長が晩年を迎え、その老いさきを自覚するにいたって、再びその生き方が奔放に躍り出たのではなかろうか。

さきにのべたように前田家仕官の際にみせた宣長の自己主張と、まさにそれと対蹠的な和歌山への喜々とした仕官も、この山室山と樹敬寺という二つの葬式にこめられた宣長の思想と、その根柢を同じくするものと思えてならない。そういえば古道論者宣長は、祖先代々の浄土教、少年の日に自ら修行した浄土教を最後まで捨てなかったことをも、この遺言書はしめしているのである。

宣長は寛政一一年（一七九九）、門下生稲掛大平を養子に迎え、目の不自由な春庭のかわりに和歌山藩の用を務めさせたことを附言しておく。

Ⅲ　主情主義的人間観の形成

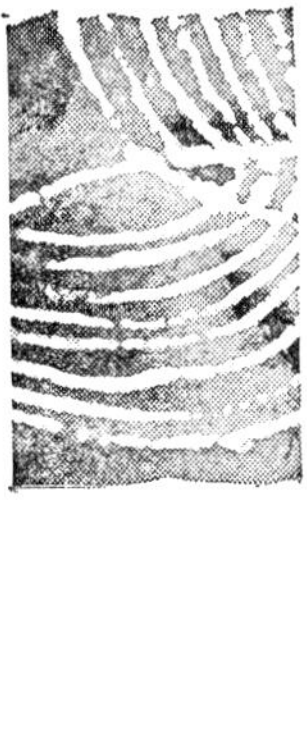

青春の思想

景山と徂徠

宣長の京都時代に契沖によって開眼された和歌、物語の研究と、彼自身の情緒的な生活の一体化が、宣長の人間形成の基盤となり、その後の宣長の思想を貫く主情的人間観の確立に大きな役割を果たしてきたことは、すでにのべたところから明らかだと思われる。

しかし、儒学の師堀景山や、景山の敬愛する儒者荻生徂徠が宣長に与えた思想的影響を無視することはできない。景山や徂徠から影響をうけたことは、宣長が京都遊学中、和漢の諸書を抄録した『本居宣長随筆』（『本居宣長全集』）に、彼らの意見を記録していることからも推測される。景山の意見はその著『不盡言《ふじんげん》』からの抄録が多い。

景山の『不盡言』には、和歌や詩についての彼の考え方、主情的な人間観などものべられ、いずれも宣長の注意を引いている。たとえば景山は和歌についてこうのべている。和歌は詩と同じ。『古今集』の序に「人ノ心ヲ種トシテ万ノ言ノハ（葉）トナレリケリ」、あるいは「見ルモノニツケテイヒダセル」ものというように、「善悪曲直千端万緒」の人情が鬱屈し、見るもの聞くものに触れ、按排《あんばい》工夫することなく、思わず知らずふっといい出す言葉、これが和歌だという。

また、詩についても、詩の発する心は正邪にかかわるものではなく、「詩三百篇ノ内ニハ、邪念ヨリ出ル詩モ多クアル事也」といい、「邪念ヨリ出ヌヤウニト一シラベシテ出来タルモノハ、詩ニテハアルマジキト思ハルゝ也」という。

要するに和歌や詩の本質は、道徳的な価値観とは関係なく、素直な人間感情の発露だというのである。

人欲についても、景山は次のような考え方をもっていた。「欲トイヘバ悪キ事ノヤウニノミ心ウルハ、大キナチガヒ也、欲ハ即チ人情ノ事ニテ、コレナケレバ人ト云モノニテハナキ也」。欲は人間の天性自然に具有するもの、欲なき人はなし。「欲ノナキハ木石ノ類也」。

朱子学者であるはずの景山は、一般の朱子学者のように天理、人欲を対立させ、人間の本質を理とみ、欲を否定する考え方に与《くみ》してはいなかった。若き日の宣長が、このような師景山の思想に共感したと考えて間違いはない。

宣長が景山の畏友徂徠から影響されていたことは、宣長の養子大平が殿村安守に送った「恩頼《みたまのふゆ》の図」にしめされている。これは佐佐木信綱氏が、『和歌史の研究』でこの図を紹介して以来の通説である。この図は、大平が宣長の思想、学問を育てるうえで恩になったと考える先覚者を図示したものだが、そのなかに儒者として、ソライ、タサイ（太宰春台）、東カイ（伊藤東涯）など、いずれも古学派に属する人たちが記されていた。

事実、宣長はさきの『随筆』にいくつかの徂徠の言説を抄録していた。たとえば『答問書』の詩に関する考え方、つまり詩は道徳、政治とは無関係である、「ウキニツケウレシキニツケウメキ出シタル言ノ葉」にほかならないという意見や、『弁道』の有名な道の定義などが採録されている。徂徠の「孔子之道ハ先王之道也。先王之道ハ天下ヲ安ンズル道也。又曰ク道者統名也。礼楽刑政凡テ先王ノ建ル者ヲ挙ゲテ合シテ之ニ命《なづくる》也。礼楽刑政ヲ離レ、別ニ所謂道ナル者ノ非ル也」という道の定義は、宣長の儒教観を規定するものだっただけでなく、道は天皇の天下を治める道だという宣長の古道論にも、影響を与えたものだった。

宣長の京都時代の学問に、このような景山や徂徠の影響がみられることはたしかだが、何といっても決定的なものは、契沖であり、また、彼の情緒生活が確信させた彼の人間観である。この人間観をもとにして、宣長は遊学の終わり頃、歌論『あしわけをぶね』をかいている。これは後の歌論『石上私淑言』の基礎となるものだった。

好・信・楽

いま、宣長の歌論についてのべるまえに、京都時代の宣長の情緒的な生活が、どのように思想化されていたのかをみておきたい。つまり、何が宣長の青春の思想だったのか。この思想は和歌の学問を通じて体系化される宣長の思想を、いわばその日常性において支えている重要な意識でもあったのだ。

宝暦七年（一七五七）四月、堀門下の友人某に宛てた手紙がある。この手紙は宣長が仏教を信ずるのに対し、儒者たろうとする友人が批判したことへの駁論のためにかかれたものだ。「嗟呼《ああ》足下道学先生なる哉。経儒《けいじゅ》先生なる哉。何ぞ其言の固《かた》きや。何ぞ其言の険《けん》なるや」（『本居宣長稿本全集』）と、宣長は友人を揶揄《やゆ》している。

しかし、ここでいいたいのは、宣長が儒者たろうとする友人の非難を物ともしない堅固な仏教信者だったということではない。その信仰が何にもとづくものなのかということである。それを知るには、次の宣長の言葉が大切である。

不佞《ねい》の仏氏の言におけるや之を好み之を信じ且之を楽しむ。啻《ただ》に仏氏の言にして之を好み信じ楽しむのみにあらず。儒墨老荘諸子百家之言亦皆好み信じて之を楽しむ。啻に儒墨老荘諸子百家之言にして好み信じ之を楽しむのみに非ず。凡そ百雑技歌儛《かぶ》燕遊《えんゆう》、及山川草木禽獣《きんじゅう》蟲魚《ちゅうぎょ》風雲雨雪日月星辰、宇宙有する所適《ゆきて》好み信じ楽しまざることなし。天地万物皆吾が賞楽之具のみ。（同上）

宣長が「仏氏の言」を信ずるのは、必ずしも仏に帰依しているからではない。その言葉が好きだからである。好きだからこそその言葉を信じ、好きだからこそ楽しむのだというのである。しかも、宣長は好み信じ楽しむ対象は、たんに「仏氏の言」だけではなく、儒、墨、老、荘、諸子百家の言葉から、宇宙の万象に及ぶのだといっている。さらに宇宙の「万物皆吾賞楽之具のみ」とさえいうのである。

この言葉は外的な権威に無自覚的に従うのではなく、自らの内面的な好みに従い、外的な権威に縛られたくないという若々しい宣長の思想の中身を表現している言葉である。

宣長がその後しばしば芸術的価値の規準に用いた王朝社会の風雅の趣とは、外的な権威や、規範に身動きのとれなくなった窮屈な世界から生まれるものではなく、自己の内面に忠実な「好・信・楽」の自由な世界から生まれる感覚だった。だから、宣長はその友人に、君がもし風雅に従いたいのなら、そんな狭隘な心ではいけないのだ。「亦道学先生なる哉」と批判したのである。

私有自楽

「好・信・楽」を思想の中核においた青春の宣長は、同時に「私有自楽」という思想を強くいだいていた。自らの内面を重視する点では、全く同じ質の思想なのである。

同門の秀才清水吉太郎が、宣長に、「君は儒よりも和歌を愛好する」と非難した。これに対し宣長は清水が儒を好むことに反対した。その理由は、「儒や聖人の道なり。聖人の道は国を為し、天下を治め、民を安んずるの道也。私有自楽する所以《ゆえん》の者に非ず」(同上)、自分たちの国も民も持たない者が、その道を学んでどうするのかというにあった。

ここには、あたかも徂徠の『弁道』と同じ道の考え方がしめされている。徂徠は、儒の道が先王の安民の道なるがゆえに、畏敬の念をこめて探求したが、宣長は、逆に、それが先王の安民の道であるがゆえに、「私有自楽」するものではないと斥けているのである。

宣長にとって大切なものは、「私有」し、「自楽」できるものでなければならなかった。聖人の道がいかに権威あるものだったとしても、その権威のゆえに学ぶ必要を感じない、学ぶ必要は自ら好むこと以外に生まれてこない、これが宣長の生き方から生まれた思想だった。

だが、古学派が儒の道は先王の安民の道としているのに対し、儒の道は修身の道であり、修身こそが、治国、平天下の基礎であると説いているのが朱子学派である。この点について、宣長はどう考えるのか。

「己が身を修める如きは瑣瑣たり」、どうして大げさな聖人の道を必要だとするのか。それでは牛刀をもって鶏頭を切るというそしりはまぬがれまいというのが、宣長の答え方だった。

しかし、宣長は孔子その人が嫌いだったわけではない。堯舜などの聖人とちがって、むしろ敬愛していた。この手紙で宣長が描く孔子の姿は、孔子自身、宣長同様、自分の好みに従って自ら楽しんだ人物である。宣長は自分の立場から孔子を把え、解釈していた。宣長が彼自身の孔子解釈の典拠としたのは、『論語』の「先進」にある「浴沂《よくき》詠帰《えいき》」の話だった。

宣長はいう。「孔子曾晳に与うる所観て見るべきのみ。點（曾晳）や孔門の徒、而して其楽しむ所先王の道に在らず。而して浴沂詠帰に在り。孔子の意亦此に在りて彼に在らず。僕茲に取る有り。而して和歌を好むにいたる」（同上）と。

「浴沂詠帰」とは何か。孔子があるとき門弟たちに向かって、もしお前たちが人に認められたらどうするかと問うたが、そのとき政治上の抱負をのべた門弟たちのなかにあって、独り曾晳は仕官を望まず、その希望としてのべたのが、この「浴沂詠帰」である。曾晳の答は、晩春四月には春の着物もでき上がり、元服した大人五、六人に童子六、七人、一緒に沂水で水浴し「雨乞の舞を舞うための土壇で涼んでから、歌を詠いつつ帰る。そんな生活がしたいのです」というものだった。

これを聞いた孔子は「喟《き》然として歎じて曰く、吾は點に与せん」という。つまり孔子は政治的抱負を語る弟子たちの言葉に興をしめさず、曾晳の答に感じてため息をつき、それに賛成したのである。宣長はここに孔子の真意をみいだした。孔子の真意は先王の道にあるのではなくて、この自由にあるのだと宣長は孔子を解釈していたのだった。

宣長の孔子解釈が正しいかどうかは問題ではない。当時の思想界で最大の権威をもつ孔子の真意を、通説にとらわれることなく、自己の内面に照らして解釈したことが大切なのである。宣長とはそんな思考の持ち主だった。

宣長のこの手紙に清水は反論した。それは宣長が和歌を好むだけでなく、「媱靡《ようび》浮華《ふか》の辞」を好む人間として非難するものだった。これに対して宣長は、自分は和歌を好むが、いたずらに「浮華の辞」を好むものではないと断言する。しかし、宣長は「和歌は情語也。則ち人情に随って変化するは固《もとよ》り其所也」と主張し、「今の人情浮華なれば、則ち其の詠ずる所の歌辞もまた豈《あに》浮華ならざるを得んや」とさらに反駁を加えたのだった。

自然の神道

宣長の意図は、情に根ざす和歌の世界を、道徳的規準で云々するのは誤りだと清水に教えようとするにある。そして、この情の世界が成り立つ根拠を「自然の神道」に求め、それによって聖人の道なくして、人情に則した人倫世界が成立することを、次のように清水に説明したのだった。

足下は聖人の書を読んで道を知り、禽獣たることを免れようとするのか。中国ではそうかもしれないが、「吾神州は則ち然らず」。古代の日本では、君民ともに皆「自然の神道」を奉じていた。この神道によって「身修めずして修まり、天下治めずして治まる。礼儀自らここに存す」、これが日本の古代社会の状態だ。この日本の人間がどうして聖人の道を必要とするのか。

自分はこの神州に生まれ、大日霊貴《おおひるめむち》（天照大御神）を仰いで「自然の神道」を奉じている。それゆえ自然に礼儀智仁に従っているのだ。人間が万物の霊だとされるのは、聖人の道のためではなく、「自然の神道」、「天神地祇の寵霊」のためなのだ。

しかも、この「自然の神道」は、聖人の道のように人情を束縛するものではなく、「情語」である和歌を「浮華」だといって否定するものではない。これが宣長の説明であり、結論だった。

したがって、宣長が別の手紙で清水に対し、「足下亦大日霊貴の寵霊によりて為り、この神州の人と生れ、化外《けがい》の人にあらざる也。則ちまさに又自然の神道を奉じ、和歌を好み之を楽しむべき也」と忠告したのも、当然のことである。

このように宣長は、和歌の世界が「私有自楽」の世界に属し、天下国家、治道安民を論ずる聖人の道に属するものではなく、自然の神道が保証してくれる人情に端を発したものであることを、京都遊学中にはっきりと自分の思想にとり入れたのだった。

ところで、この自然の神道という思想は、宣長が契沖の神道観から学んだものだと考えて、まず間違いはない。契沖の『勢語臆断』は『伊勢物語』の註解であるが、契沖はこの書において、たとえば細川幽斎の『伊勢物語闕疑抄《けつぎ》』に代表されるこの物語の中世的、伝統的な理解を斥け、新しい見解を提示していた。

幽斎によれば『伊勢物語』は好色を本とするものではなく、男女の情に託して、「政道の本」を説くものだというにある。契沖はこの解釈を批判し、この物語の本質を男女の情愛の描写にみいだすべきだといい、業平の妹に対する恋情を、人間の情緒性より生まれたものとして肯定し、その根拠を「本朝の神道」に求めていたのである。

この事（業平の妹に対する恋情）内典（儒）外典（仏）によりていえば、おぼつかならぬにしもあれど、本朝は神道を本とす。しかるに神代よりありける事なれば、みだりに議すべからず。また昔をもて後の例とすべきことにもあらず。

契沖は物語の価値が、道徳もしくは政治的価値とは別のものだとし、物語にみられる好色や人情は、儒仏の規範では否定されるかもしれないが、「本朝の神道」では肯定されるものだと考えていたのだった。

契沖は『万葉代匠記』においても、「本朝は神国にて、人の世となりても国史に記す処、神典かぞへがたし。ただ仰いで信ずべし」とのべ、神道は儒教の道理とはちがった「ただ仰いで信ずべき」非合理な価値をもち、主情的な物語の世界に直接結びつく権威だと解している。

だから、また、こうものべていた。「聖の道などしばらくおきぬ。この国には聖君賢臣ときこゆるもすこし色をば好まれけり。……されば身をつみて人の上にもおよぼし給ひければ、はかなき事のあわれもやさしく聞ゆること多し」（同上）。人情を基礎に成立した日本独自の神の道、これが契沖の「本朝の神道」だった。

松阪時代に母方の親戚にあたる村田元次、全次などの道徳主義的な垂加流神道の影響をうけていた宣長は、初めてこの契沖の神道論に接したとき、さぞやその新鮮さに目をみはったことだろう。驚くとともに宣長は、この説を自分のものにしていったのだった。宣長は後には契沖的な神道観を老荘的自然主義に近いものとして、彼自らの古道論とは峻別したが、京都時代の若き宣長が、儒者の非難にさからって、自分の好む和歌の道を貫き通すには、この契沖の神道論は格好の武器だったのである。いいかえれば、この神道論を、「私有自楽」の思想を根拠づける権威として、宣長は受けとっていたといってもよい。

宣長が初めてきく契沖の「本朝の神道」という思想を、何のためらいもなく、抵抗もなく受けいれることができたのは、彼がすでにその素地を情緒生活のなかで養い、何が人間の本質であるかを感得していたからである。だが、京都時代の宣長は、神道そのものを、より以上つっこんで解明しようとはしなかった。ただ、歌論のなかでこの神道観を根柢に据え、人間の主情性を儒、仏の規範から解放する学問的な努力をかさねていたのだった。

和歌と人間――『あしわけをぶね』

京都遊学の成果ともいうべき『あしわけをぶね』(『本居宣長全集』)で、宣長が論じようとしたのは、和歌と人間との関係である。そして、それを通じて和歌とは何かを解明するにあった。宣長はこの著作で、和歌はどのような人間の本質観と結びついて成り立つものなのか。どのような和歌が理想の和歌なのかなど、いわば和歌を創作する人間の在り方と、理想的な和歌の姿について論じている。これは『あしわけをぶね』が歌論であるかぎり、当然のことだといわねばならない。

歌詠む人の心

しかし、この著作の特色は、いわゆる歌論に終わらないところにある。宣長が理想的な和歌を詠む人間のなかに、本来あるべき人間の原点を求めていたという意味において、この著作は宣長の思想の書だといえよう。ただ、当時の宣長が和歌の価値と、道徳的、政治的価値を区別していただけでなく、和歌を創作する人間と、現実の人倫社会に生きる人間とを厳密に区別し、和歌よむ人への戒めと、現実社会に生きる人間への教戒を峻別していたことから、和歌をよむ人の姿が、歌論の枠に閉じこめられざるをえなかったにすぎない。

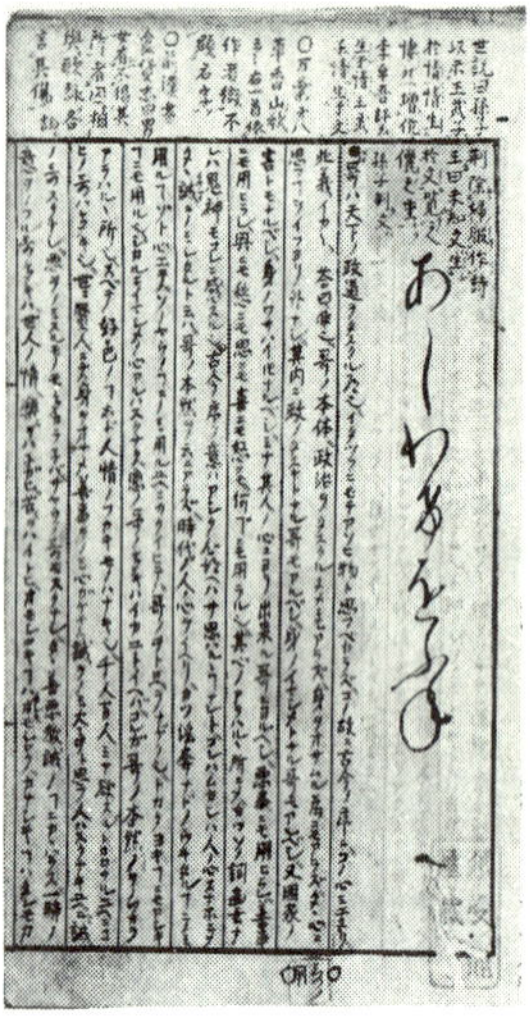

『あしわけをぶね』
（本居宣長記念館蔵）

だが、この著作で論じられた和歌よむ人の姿には、宣長が古道思想を深めてゆくにつれ、現実的な人間に変身してゆく本質がひそんでいた。実は、宣長は現実社会において理想としている人間を、『あしわけをぶね』のなかで、いわば和歌の世界の舞台のうえに、歌人という役柄を演技させていたのだとも考えられよう。

宣長は本書で和歌の自律性を、「歌の本体、政治をたすくるためにもあらず、身をおさむる為にもあらず、ただ心に思ふことをいふより外なし」とのべている。したがって、和歌は「私有自楽」の人の自由な「心の思ひ」にかかわることによって成り立つものだということになる。

和歌における自由な「思ひ」とは、楽しみを願い、苦しみをいとい、面白きことを求め、悲しきことになげく人情のことである。それは決して知的な思弁ではなかった。この人情に従って和歌は詠まれねばならない。さもなければ和歌の自律性は失われるだろう、これが「私有自楽」の立場からとらえた和歌の姿だった。宣長はさらにくわしく、『あしわけをぶね』で「心の思ひ」の種々相についてのべ、所詮は実情に帰するのだと説いている。

姦邪の心にてよまば、姦邪の歌をよむべし、好色の心にてよまば、好色の歌をよむべし、仁義の心にてよまば、仁義の歌をよむべし、たゞ〳〵歌は一偏にかたよれるものにてはなきなり、実情をあらはさんとおもはゞ、実情をよむべし、いつはりをいはむとおもはゞ、いつはりをよむべし、詞をかざり面白くよまむとおもはゞ、面白くかざりよむべし、只意《こころ》にまかすべし、これすなはち実情也。

しかし、ここで気がつくことは、宣長のいう実情が、たんにうれし、かなしという領域にとどまらず、よき歌をよもう、面白き歌をよもう、そのためには虚構や技巧を用いてもよいという芸術創造の「心の思ひ」にまでひろがってきていることだろう。この創作的実情、よき和歌をつくろうとする歌人の実情についての宣長の理解こそ、心の思いをただ素直に表現せよと説く契沖の歌論との相違だった。宣長のこの著作は、人間一般の心情だけでなく、具体的に歌人として生きようとする人間の心情にまで立ち入っていたのである。次の一文がこの宣長の考え方をいっそう明らかにしてくれる。

　よき歌をよまむと思ふ心より、詞をえらび意をまふけてかざるゆへに、実をうしなふことある也、つねの言語さへ思ふとをりありのまゝにはいはぬもの也、況《いわ》んや歌はほどよくへうし（拍子）おもしろくよくよまむとするゆへ、我実ノ心とたがふことあるべき也。そのたがふ所もすなはち実情也。

この説明は、悪人がよき歌をよもうとし、己の悪をかくして善意の歌をよむ、これも「人情の常なり」という宣長の説明にもおきかえられる。
こうした歌人という立場に働くさまざまな実情の把握は、宣長がさまざまな立場における人間の実情を理解しようとしていたことを推測させる。近世の都市を好み、そこに生きる市民の複雑で華美を楽しむ人情をそのまま肯定する宣長は、歌よむ人の思う心を、契沖などのように単純に割り切ることができなかったのだろう。京都の青春を心ゆくまで味わった宣長は、人情の陰影を無視できず、現実の人間の複雑な心情にこそ、和歌成立の根拠を求めようとしたのだった。

創造の規範「禁制」　このように歌人の実情をとらえた宣長は、歌人の理想とするところを、「よきが中にもよきをえらび、すぐれたるが中にもすぐれたる歌をよみいでんとするが、歌の最極無上の所」に求める。その理想を達成するためには、契沖などによって否定された「禁制」にさえ従うべきだというのである。

「禁制」とは和歌において使用してはならない言葉である。「禁制」は「古今伝授」などとともに、中世以来、堂上歌学の伝統的な規範で、近世の和歌革新運動が否定したものだった。勿論、宣長も和歌の道に秘密の伝授などあるべきはずはないといい、「近代朝廷のおもき御事とし玉ふ」、「古今伝授」に対しては、朝廷の権威を恐れず否定している。しかし、「禁制」は歌人の理想の達成には必要だと考え、これがいかに和歌革新運動の否定する対象であろうとも、彼は必要だとしたのだった。ここに新、旧いずれの外的権威にも無自覚には従わない宣長の面目が躍如としている。

宣長が「禁制」を肯定したのは、どのような理由によるのか。よき和歌、風雅な歌をよもうとすれば、「風雅なる中に風雅を求めんとすることなれば、をのずからせばく、事すくなくなる理なり」。つまり「禁制」で俗だときめられた言葉を、無理をして用いる必要はない。これがその理由の一つである。

次に「禁制」で禁じられた優雅な言葉でも、「禁制をおかしてよめば、をのずから我心にもこころよからず」、「そのゆへは古人の詞をぬすむゆへ也」、つまり現代流にいえば芸術的創造の精神に反するというのがその理由だった。

この「禁制」に関する宣長の見解は、「思ふ心」をよむという宣長の和歌の本質論と矛盾するものではない。和歌が美を創造する芸術の一つ、いいかえれば一定の自律性をもったものだとすれば、そこにはおのずから美を創造する規範が存在するべきであり、この規範をきびしく守ることが、「思ふ心」を美的に表現するための歌人の修業でなければならない。宣長にとって「禁制」は美を創造するための規範の一つにほかならなかった。

古えと今の和歌、堂上と地下の和歌

和歌の本質と歌人の在り方をこのように理解した宣長は、次に本書において、古えの和歌と今の和歌、堂上の和歌と地下《じげ》（一般人）の和歌のいずれがよい和歌かという問題を提起する。

まず、古えと今の和歌について。宣長によれば、両者は、思う心を詠むという和歌の本質においては、全く変わらないが、そのちがいは時代時代の歌人の心情にある。したがって、無理に古えの心にかえって詠もうとするのではなく、「今は今の心にてよむがよき也」ということになる。ただ、「今の心」でよむ場合は、「法式を守りずいぶんえらんでよむがよきなり」と注意している。

宣長は古えと今の和歌のいずれにも優劣をおかず、それぞれの時代には、それぞれの時代の心があり、その心の反映したよき和歌には、すべて価値を認めていた。これは宣長の持って生まれた歴史意識からくる主張でもあった。このような歴史意識は、彼の王朝の物語の解釈においても顕著にみられ、さらに後の古道論の特色の一つにさえなる重要な宣長の思想的要素だったことを忘れてはならない。

堂上の和歌と地下の和歌について。現代の和歌一般についていえば、宣長も堂上に歌人多く、よき和歌も多いことを否定しはしない。しかし、宣長はいう。現代でも地下に堂上にまさる和歌もあり、簡単には両者の優劣を区別できないと。なぜなら、それは「思ふ心」をよむという和歌の本質によるものであり、堂上、地下といえども「何ぞ情にへだてあらん」だからである。この主張は、宣長がしばしば出席した京都における歌会の体験にもとづくものだったと考えてよいかもしれない。

和歌は万人のもの

宣長はこのように和歌における古えと今、堂上と地下の区別を否定した。これは宣長にとってきわめて当然の結論だった。なぜなら、和歌は本来万人のものだというだけでなく、情をもつ人間ならば、すべての人が詠まなければならないものだというのが宣長の考え方だったからである。本来そのような和歌が、近世になって専門化し、一般の人々の関心をひかなくなったことを宣長は悲しみ、不満としていたのだ。

では、なぜ人は和歌を詠まなければならないのか。鳥虫にいたるまで歌謡をうたう。まして人間が和歌を詠めないのは恥ずべきことである。もっといえば、和歌詠めぬ人は「風雅を知らざる木石のたぐひ、人情にうときこと、いはむかたなし」というのが、その理由だった。別のいい方をすれば、人情にうときがゆえに和歌がよめないということであり、これは人間として恥ずべきことだと、宣長はいうのである。

「生とし生るもの情をそなへたるものは、その情をのぶる所なれば、歌詠なくてはかなはぬもの也」。貴賤の別なく年齢の差を問わず、情あるものは「をのがじし（それぐ〵）声をかしく謡ひ詠じて心も楽しむ、これ天性自然なくてはかなはぬもの也、有情のもの〵歌詠せぬはなきことなるに、今人として物のわきまへもあるべきほどのものの、歌詠することしらぬは、口おしきことにあらずや」。

人間本然の情を覆い、和歌を詠めないことに恥ずかしさを感じなくなった人間、それが近世の人間だが、彼らがそうなったのは、天然の心情を抑圧する儒教意識や、「近代武士気を尚ぶ気象」のひろがりにあると宣長はみていた。とくに儒教道徳や武士倫理が、「人間思情のうち、色欲より切なるはなし、故に古来恋の歌甚だ多し」、あるいは「さて人欲の切なる所ゆへに、恋の歌には別して名歌多し」といわれる男女の恋情、人情の深奥の表現に対し、きわめて否定的であることに問題があるというのが、宣長の近世社会の規範意識に対する批判的な意見だった。

和歌の世界と現実の人倫世界を区別し、和歌の規範と人倫の規範とを峻別せよという宣長の主張は、この近世の普遍的な道理観念から、和歌の世界の自律性を確立するために、道徳の芸術への侵害に対抗して唱えられたものとみるべきであり、その逆ではなかったのである。それはまた契沖の主張でもあった。

和歌を大切にする宣長にとって、名歌が涌き出る源泉として、人情の深奥に位置する色欲を否定することはできない。なかでも恋情は大切だった。それは「恋と云ふものも、もとは欲よりいづれども、ふかく情にわたれるもの」、人情の粋ともいうべきものだからである。欲が「たゞねがひもとむる心のみにて感慨なし」とされるに対し、情は「ものに感じて慨歎するもの」で、より純粋な人間の心情であり、やがて「物のあはれ」論として宣長の思想の中枢を占めるにいたるものだけに、宣長は情の世界から、儒教道徳の規範を排除する必要があったのだ。

宣長は和歌と道徳の世界を峻別するため、ことさらに世俗的に非難される僧侶の恋歌を擁護し、和歌の自律性を強調する。

僧侶の恋歌

歌はおもふことを程よくいひ出る物也、心におもふことは、善悪にかゝはらず、よみいづるもの也、されば心におもふ色欲をよみ出たる、何のことかあらん、其歌よろしくいできたらば、是又なんぞ美賞せざらんや、すぐれたる歌ならば、僧俗えらぶべきにあらず、その行跡のよしあし、心の邪正善悪は、その道〳〵にて褒貶《ほうへん》議論すべきこと也。歌の道にてとかく論ずべきことにあらず。此道にては、只その歌の善悪をこそいふべきことなれ。僧なれば恋の歌よむまじき理也など、なんぞよしなき議論をなすべき。

これにつづけて宣長は、出家といえば心まで菩薩のように思い、僧が少し色を好めば、非難すること「俗人と雲泥」の相違があり、それを大悪のようにみるのは、人情を知らぬ人間のすることである。仏の戒からいえば、僧の好色は許されないが、僧とて俗人と変わった性質をもつものではなく、「もと同じ凡夫なれば、人情にかはりたることはなきはず也」、「万人の同じくこのむ声色なれば、ひとり出家のこのむまじき理はなきこと也」と、主情的立場から僧の人情を擁護する。

この主張をみれば、宣長はたんに和歌の自律性以上のことをいわんとしていることがわかるだろう。宣長はまさに和歌に託して人情そのものの価値を主張しようとしていたのである。

宣長の道徳世界に対する和歌の世界からの挑戦はまだつづく。今度は道ならぬ色恋を例にあげての攻撃だった。

道ならぬ好色は道徳的に許されるべきことではない。聖人の教戒は詳細に「経伝」に記され、人のよく知るところである。道ならぬ好色を許さないのは、「世間一統の通戒」となっている。だが、和歌の道はこの通戒とは関係はない。道徳的な通戒で悪と知りつつも、抑制できない人間の感情、ここに和歌が生まれるのだとのべ、次のように人情論を展開している。

> とかく情のふかくかゝることには、むかしよりすぐれてよき歌多し、よく〳〵心をつけて、古歌どもをみるべし、わが妻ならぬ女に心はかくまじき物とは、聖賢の人はさるべけれども、凡人いかでとゞめあへん、我心にも、心は制しがたきはよのつね也、されば克己と云ことむかしよりかたきこと也、それをつゝしみまもると、おかすとの分別は、人々の心にあること也、たゞ歌は、さやうの議論には一向かゝはらぬことにて、歌のすぐれたるを賞し美すること也。

ここでも宣長は、和歌の世界と道徳の世界とを区別するにとどまらず、意志によって克服しがたい人情そのものを、人間の本質として主張している。要するに人情とは非合理なもの、しかし、それこそが、男女を問わず人間本来の性情だと宣長はいうのである。

人情とは「はかなく児女子のやうなる」もので、「すべて男らしく正しくきつとしたる」ものは、人情ではない。「正しくきつとしたることは、みな世間の風にならひ、或は書物に化せられ、人のつきあひ世のまじはりなど」によって後天的に人間に附加された「つけ物」にすぎない。「もとのありていの人情と云ものは、至極まっすぐにはかなくつたなくしどけなきもの也」。

宣長は世間の噂を気にし、「心を制し形をつくろひて、本情をかくす」道徳的な「つけ物」よりも、女々しい「もとのありていの人情」を尊重した。しどけなさ、はかなさ、つたなさという人情本然の姿は、「聖人凡人かはることとなし」とされる真実の人間性であり、宣長は、そこに何ものにもかえがたい人間の価値をみいだしていたのだった。

和歌の根拠

和歌がこのような人情をもとにして成り立つものである以上、和歌がこの人情の本然を保証する契沖のいわゆる「本朝の神道」と無関係なはずはない。宣長は両者の関係を、「もとより我邦自然の歌詠なれば、自然の神道の中をはなるるものにあらず」と把え、「和歌は吾神州開闢《かいびゃく》来、自然の声音言辞を以て、自然天性の情をつらぬる」もので、「人の国の四角なる文字の風」とは、全く関係なきもの、したがって和歌は儒、仏のあずかりしらぬ、「私有自楽」する人間性の発露だとしたのである。

宣長が七ヶ年の京都遊学の総括として、彼自身の「好・信・楽」、「私有自楽」の思想的実感を裏付けとしながら、「自然の神道」を基盤に、和歌と人間の関係を探求し、歌論という形態にまとめあげたのが、この『あしわけをぶね』だった。

だが、宣長がここで描いた人間は、たとえその理由がさきにのべたところにあろうとも、和歌の世界に生きる人間であり、彼が最も人間性のなかで真実だとした人情も、和歌成立の根拠という視角から論じられ、それは直ちに現実社会に生きる人間のなかに持ち込まれてよいものではないとされていた。

『あしわけをぶね』をかいた京都遊学末期の宣長は、和歌にかかわる彼自身は、どこまでも「私有自楽」の人間、いいかえれば私的な一個人として生きる人間だった。宣長はかかる生き方において人間の心情を尊重したのであり、そのときはまだ、この心情の尊重を、社会的な人間の生き方に求めてはいなかったのである。

当時の宣長にとって、現実社会を規範するものは、「経伝」にしるされた「世間一統の通戒」である儒教道徳にほかならなかった。したがって、儒教道徳は「人倫のあひだ、義理作法などは、一日もかくべからざるものなれば、詩歌諸芸の比類にあらざる也」といわれたように、宣長にとっても遵守さるべき存在だった。

しかし、松阪へ帰って以来、宣長は生活者、社会人という自覚と地盤のうえに立って研究活動を開始しなければならなくなった。松阪に帰ってから七年後の宝暦一三年（一七六三）に完成した『石上私淑言』と『紫文要領』は、彼の生活環境が変わってからの最初の成果である。この平安王朝の和歌、物語の研究を進める過程と並行して、彼自身の現実的、社会的な関心も高まり、和歌と「私有自楽」的な私人との関係という枠をこえ、物語にえがかれた社会そのものにも目を向けるようになる。

『源氏物語』の舞台である王朝の貴族社会は、和歌の根拠である本然の人情を損うことなく、人人が生きることができた世界だったという宣長の発見は、右にのべたような宣長の研究の結果だった。

それがどのような世界だったのか。項を改め、『紫文要領』と『石上私淑言』を検討することによって明らかにし、同時に宣長の思想の展開を考察してみたい。

「物のあはれ」と王朝社会

和歌と『源氏物語』

『源氏物語』の詳解である『紫文要領』(『本居宣長全集』)と『あしわけをぶね』を基礎に、さらに詳細に展開した歌論『石上私淑言』(同上)に共通する宣長の主張は、「物のあはれ」を知る心を理解せよということである。「物のあはれ」を知る心は、『石上私淑言』では、『あしわけをぶね』で、和歌が成り立つ根拠だとされた「本然の人情」の最も本質的な動きとして説かれ、よき和歌をつくるには、歌人は王朝の人々のこの心の動きを身につけなければならないとされている。

だが、この「物のあはれ」を知る心は、『紫文要領』にあっては、男と女がおりなす『源氏物語』の世界に生きる王朝貴族たちの心情のモラルとして語られていることに注意しなければならない。つまり『源氏物語』の貴族たちの心情のモラルが、そのまま現在の歌人たちの和歌心だとされているのである。現在の和歌の世界が、そのまま王朝貴族の人倫の世界だと宣長はいいたいのである。

歌道の本意をしらんとならば、此物語をよく〳〵みて其あぢはひをさとるべし、又歌道の有さまをしらんと思ふも、此物語の有さまをよく〳〵見てさとるべし、此物語の外に歌道なく、歌道の外に此物語なし、歌道と此物語とは全く其おもむき同じ事也。(『紫文要領』)

なぜなら、和歌は「物のあはれ」を知る心より生まれ、『源氏物語』は作者の「物のあはれ」を知る心をもって、「物のあはれ」を知る人たちを素材に創作されたものであるとともに、此物語の読者は此物語を味読することによって「物のあはれ」の真意を理解できるからである。つまり、現在の歌人は、この物語によって、「いにしへの中以上の人の風儀人情」(同上)を学び、彼らの「物のあはれ」の知り方を味わうことができるからである。それゆえ、この物語を味読して、詠んだ歌は、「いにしへの歌のいでくる始をよくしる故に、今よむ歌も古へにかはらざるべし」(同上)と宣長は説くのである。

このように宣長にあっては、和歌と物語は同じ「物のあはれ」を知る心情のうえに成立する。人情、風儀とは、古人の人間関係にみられる人情の動き、社会的な風俗や生活様式のことだろうが、この古えの人情風儀をありのままに写し出し、読む人に感動を与えるもの、それが宣長のいう平安の物語であり、その感動がそのまま読者の和歌心だった。宣長は和歌と物語のこうした関係を、『源氏物語』そのほかの平安の物語に対する実証的な研究のなかで確信した。それは物語の本質の発見でもあった。

『物語』の本質

物語の本質は儒仏百家の書物とはちがい、したがって、儒仏の価値観とはかかわりなく「世にありとあるよき事あしき事、めづらしき事おもしろきこと、おかしき事あはれなることのさま〴〵を、しどけなく女もじにかきて、絵をかきまじへなどして」(同上)退屈のなぐさみ、心の晴れぬ日の楽しみ、心配ごとのあるときの気散じに読むものだというのが、宣長の見解である。そして、物語のなかに和歌が多いのも、日本の風習だとつけくわえている。たしかに、このような物語が創作された平安時代は、和歌を読むことが、貴族たちの社会的風習であり、日常だったから、そこに和歌が多くみられるのも、風儀人情をありのままに写し出す物語としては当然だった。要するに物語の本質は、「世の風儀人情をありのままにかきて、物の哀をしらしむ」ところにあり、それを味読し、理解すればその当時の人情、風儀においては、「人情にたがえる事」が悪しき事だとされていたことがわかるだろうと宣長は教えていたのである。

勿論、宣長も物語が虚構であることを否定しはしない。しかし、「いかにも空事にてはあれ共、此世に一向かたなき事にはあらず、みな世に有事也、……有のまゝにこそいはね、みな世にあることにて」と、そこに真実が存在すると同時に、「後世迄もいひつたへまほしく思ふ」こと、いいかえれば作者の主張が存在することに、宣長は物語の意義を求める。

こうした物語のなかにあって、とくに『源氏物語』は、「源氏の君をはじめとして、よき事のかぎりをとりあつめたるいにしへの人々にまのあたりまじはりて、其かたちを見其言語をきゝ其しわざになれ、其心のそこ迄をしりて、其の世の雲の上の有様貴人の風儀折々の公事《くじ》節会《せちえ》など迄、こまやかに今見聞くがごとし」(『紫文要領』)といわれるような真実性の溢れたすぐれた物語だとされていたのだった。

物語がこのようなものだったとしたら、それを読む場合、とくに「歌のいできたる本」を知るために読むには、儒仏の教戒書を読むのとはおのずからちがった心構えが必要とされるのは、いうまでもない。宣長はその心構えを次のように教えている。

まず、物語の本質が、「儒仏にいう善悪にあづからぬ事」を押さえよ。次に物語の目的が「物の哀をかきしるしてよむ人に物の哀をしらす」にあることを忘れるな。第三に物語に教えがあるとしたら、それは「物の哀をしれとおしゆる教誡」にほかならぬことを理解せよというのが、それである。

宣長は物語の教える「物のあはれ」を知れという心情的価値観を、一応は物語の世界だけでの価値観だとし、宣長が生きた時代の現実生活の道徳規準とはちがうとしているが、物語が古えの人情、風儀をありのままにかき表したものだとしたら、この価値観はその時代の生活感情、日常的な人倫の規範と無関係なはずはない。

物語が今の世の歌人の手本とされるのは、それが作られた時代が、和歌を日常的な風習とするほど、人情の新鮮さを失っていない時代だったからだとすれば、物語の世界に現れる人々と、実際にその時代に生きた人々との価値感情に相違があろうわけはない。宣長が物語の読者にいくつかの注意を与えていたのは、読者がその時代の価値感情に共感する筋道を教えたかったからではなかったか。

そうだとすれば、宣長が『源氏物語』のなかに、現実の王朝貴族の人倫の規範をみいだしたとしても、それは当然であり、宣長はただその規範が、彼の生きている社会にそのままでは通用しないといっているにすぎないと解すべきではないだろうか。宣長がすでに鋭敏な歴史意識によって、今の価値的尺度を古えの社会にあてはめるべきではないという文献認識の基本的な態度を身につけていたことを思えば、このように解する方が、むしろ自然である。

今と昔の風儀のちがいについて宣長は、男女の関係、結婚問題など、昔はみだらだったのではないかという一般儒者を想定した問を設け、これに答えて、「今の風儀」を手本としてみるから、「むかしの風儀」がみだらに聞こえるのだという。「もろこしはもろこしの風儀、我国はわが国の風儀、むかしはむかしの風儀、今は今の風儀あれば、一かたにはいひがたし、いづれが是共いづれが非共きはめては（決定的には）いひがたき事也」。

にもかかわらず、儒者は中国の風儀を善として日本の風儀を批判し、現在の人々は現在の風習を善として昔の風習を悪とする。しかしこれは時と所の相違を無視した偏見にほかならない。和歌を作ろうとし、物語を読もうとする人々は、かかる偏見にとらわれず、物語そのものに則して、

「歌物語はいづれも其時の風儀をよく〳〵心得て、其時の人の心になりて見るべき事也」（同上）と論すのである。

「物のあはれ」を知る心

では、「物のあはれ」を知る心とは、具体的にはどんな内容をもつ心情の動きなのか。宣長はすでに『あしわけをぶね』で、もし人が「本然の人情」をもつならば、「天性自然」に和歌は詠まれるべきものだと語り、「人情の本然」について、かなりつっこんだ議論をしていた。だが、「物のあはれ」に関しては、頭注に「歌の道は善悪のぎろんをすてゝ、ものゝあはれと云ことをしるべし」、本文に「すべて此道は風雅をむねとして物のあはれを感ずる処が第一」だと、ただ二ケ所のべているにすぎなかった。

しかし、『石上私淑言』では和歌を生む「本然の人情」が、まさに「物のあはれ」を知る心にほかならないことを正面からとりあげ、詳細に論じているのである。

そこでは、和歌は人間が「物のあはれ」を知るから生まれるのだといい、「物のあはれ」を知るとは、「古今序にやまと歌はひとつ心をたねとして、万の言のはとぞなれりけるとある、此心といふが則物のあはれをしる心也」と説明する。また、「心に思ふ事」をいい出すのが和歌だともいい、「此心に思ふ事といふも、又則物のあはれをしる心也」とも説明している。

ところで、やや元へもどるが、宣長は『あしわけをぶね』で、人間が人間であるかぎり情があり、情があれば歌を詠むのは当然だと論じていたが、同じことを『石上私淑言』でも主張するのである。

情あれば物にふれて必思ふ事あり。このゆゑにいきとしいけるもの、みな歌ある也其中にも、人はことに万の物よりすぐれて心もあきらかなれば、思ふ事もしげく深し。其上人は、禽獣よりもことわざしげき物にて、事にふるゝ事多ければ人は歌なくてかなはぬことわり也。

このように和歌が成り立つ心情的な基盤が「物のあはれ」を知る心であるが、この心は人間の善、悪を論ずる以前に、まず人間をして人間たらしめる最も本質的な心情だと宣長が解していることを忘れてはならない。主情的な人間観とは、このような人間観をさすのであるが、「物のあはれ」を知る心は、この人間観のモラルにほかならなかった。では、モラルとしての「物のあはれ」を知る心は、どのような内容をもっているのか。

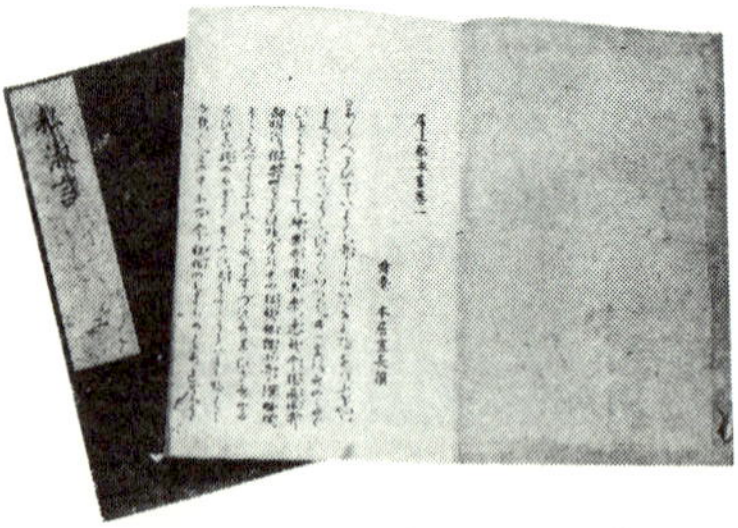

『石上私淑言』（本居宣長記念館蔵）

宣長によれば、人間は思うことが「しげく深き」ものだから、事にふれるごとに情は動いてやまないものとされる。うれしいにつけ、悲しいにつけ、腹立たしいにつけ、喜ばしいにつけ、恐ろしいにつけ、事に触れるたびに人の情は動くのである。美しい物、みにくい物をみても心の動くことにかわりはない。恋などの場合は、なおさらである。この情が動く原因は、人間には、「物のあはれ」を知る心があるからだ。

「物のあはれ」を知る、だから情が動くというのは、人間が、「うれしかるべき事の心」、「悲しかるべき事の心」を「わきまへしる」からだ。もし、人間が「其事の心」を知らなければ、「心に思ふ事」はなく、思うことがなければ、情は動かず、歌も生まれてこないのだ。『石上私淑言』において、宣長はモラルとしての「物のあはれ」を、このように説明している。

ここで重要なのは、宣長が「物のあはれ」を知る心を、人間がその事、つまり対象について、「わきまへしる」心をもち、それをもつがゆえに情が動くといっていることだろう。「わきまへしる」心、いいかえれば対象に強く打たれるか、打たれないか、強く感じるか、感じないかが、「物のあはれ」を知る心をもつか、もたぬかの岐れめになる。この岐れめは人間か、人間でないかの岐れめに等しい。断っておくが、この「わきまへしる」というのは、決して知的な認識や理解、あるいは道徳的意志の了解といったものではなく、感覚的、感動的な受けとめ方を意味しているということである。だから、宣長も「わきまへしる」心の意味をこう説明する。「猶くはしくいはゞ、物に感ずるが、則物のあはれをしる也。感ずるとは俗によき事にのみいへども、さにあらず。感字は字書にも動也と註し、感傷感慨などゝもいひて、すべて何事にても、事にふれて心のうごく事也」。また、宣長は、「阿波礼《あはれ》といふは、深く心に感ずる辞也」とものべている。

このように「わきまへしる」ゆえに動くとされた「物のあはれ」を知る心の動きとは、対象に触発された主体の感動であり、いわば、主体の対象に対する直観と、その直観によって、直ちに呼び覚まされた主体の共感そのものであるといってもよい。「しる」とは、対象の呼びかけに応じて、主体が感動的にこれに答え、対象に一体化する感情の動きである。

したがって、対象の働きかけに無感覚に「わきまへしる」ことなく、主体の側から一方的、衝動的に発せられる欲望は、「物のあはれ」を知る心とは関係がない。「物のあはれ」を知る心とは、どこまでも主体と対象が、情緒的に共感する相互の働きかけを前提にした感情でなければならない。こういった意味において、「物のあはれ」を知る感情は、すぐれて人間的な心情であり、宣長も「されば物のあはれをしるを心ある人といひ、しらぬを心なき人といふなり」といい、これに心情のモラルとしての意義をみいだしていたのだった。

「物の哀」をしる心と同情

これが『石上私淑言』で宣長が論じた「物のあはれ」の論であるが、『紫文要領』では、王朝貴族の日常的モラルである「物のあはれ」を知る心情の倫理性が、より具体的にのべられている。つまり、『石上私淑言』で、事とか物といわれた対象が、ここでは主として人物に限定され、「物のあはれ」を知る心が、その対象たる人間への同情や共感と、ほぼ同義語に使われているのである。

人の哀なる事をみては哀と思ひ、人のよろこぶをきゝては共によろこぶ、是すなはち人情にかなふ也、物の哀をしる也、人情にかなはず物の哀をしらぬ人は、人のかなしみをみても何共思はず、人のうれへをきゝても何共思はぬ物也、かやうの人をあしゝとし、かの物の哀を見しる人をよしとする也。

あるいは、

人のおもきうれへにあひて、いたくかなしむを見聞て、さこそかなしからめとをしはかるは、かなしかるべき事をしるゆへ也、是事の心をしる也、そのかなしかるべき事々の心をしりて、さこそかなしからむと、わが心にもをしはかりて感ずるが物の哀也、そのかなしかるべきいはれをしるときは、感ぜしと思ひけちても（思い消しても）、自然としのびがたき心有て、いや共感ぜねばならぬやうにする、是人情也。

このように『源氏物語』が描かれた王朝貴族の社会にあっては、よき人、あしき人の区別は、「物の哀」を知る、知らぬにあり、「物の哀」を知る、知らぬが人倫の心情規範とされていた。宣長が『紫文要領』で「物のあはれ」を、ことさらに「物の哀」とかき、『石上私淑言』で説明に用いたたんなる「阿波礼」、心情の感動とちがった意味合いを表現しているのも、『源氏物語』の「物のあはれ」に、心情倫理的な解釈をほどこしていたからではなかろうか。

しかも、宣長が「あしきをみてあしゝとしるも物の心をしり物の哀をしる也」とのべているのをみても、彼が「物の哀」を知る、知らぬが、善悪分別の規準だと考えていたことがわかるだろう。

しかし、いうまでもないことだが、この心情の規範は心情の動きであって、儒仏の倫理規範とは全く別のものである。したがって、「しのびぬところよりいづる物なれば、わが心ながらわが心にまかせぬ物にて、悪しく邪《よこしま》なる事にても感ずる事ある也、是は悪しき事なれば感ずまじとは思ひても、自然としのびぬる所より感ずる也」といわれるように、儒、仏で悪と教え、人情を抑制せよと戒める事にも善悪をこえて働く心情である。だから、宣長はこの心情のモラルを、そのまま宣長の時代の現実の規範とせよというのではなく、王朝時代の「古の風儀」として尊重したのだった。

源氏の君

源氏の君を例として、宣長は王朝の風儀がどのようなものだったかをあきらかにする。「まず此物語一部の中におきて、よき人とするは、男にては第一が源氏君也、かのよきさまにいふとてはよきことのかぎりをえりいでいへる、すなわち此君が第一也」。しかし、源氏の君は「儒仏の教尋常の了簡にていはゞ、無類の極悪とかく論ずるに及ばぬ事なり」。なぜなら、源氏の君の女性関係が、儒仏によれば「淫乱なることとあげていひがたし」だからである。

ところが、王朝の貴族社会をありのままに写した『源氏物語』では、さきにのべたとおり源氏の君は第一等の人物である。その理由はどこにあるのか。それは源氏の君が「人情にかなひて物の哀をしる人なる故」だからである。源氏の君は多くの女性と情を通じた「好色」の人だが、彼は決して「仇《あだ》なるひと」、たんなる浮気な人間ではなかった。

「好色」は「人の情のふかくかゝる事好色にまさるはなし、されば其筋につきては、人の心ふかく感じて、物のあはれをしる事何よりもまされり」、または「好色はかく人ごとにまぬがれがたき物なれば、其意味をしる故に、よき人は人の恋するをもふかくとがめず、あしき人はふかくとがむる也」と宣長が説くように、「好色」は「物のあはれ」を知る人情の極致だというのが、宣長の解釈であり、実感である。

これに対し「仇なるひと」は、尋常の儒仏の教えだけでなく、物語においても戒められなければならない。「あだなるは物の哀をしらぬにちかし、さればいかでそれをよしとはせむ……物のあはれをしるとあだなるとは別の事にて、たがひにあづからぬ事也」とされ、宣長はこれを心情のモラルとはかかわりのない欲情だとみていたのである。いわば対象との共感を欠如した主体の一方的な欲情、これが「仇」なる心だとされていた。

この観点から宣長は次のように源氏の君を評価する。

源氏の君は思ひ人たちおほくして、これかれに心をわけ玉へば、物の哀しらぬ共いふべきやうなれ共、是もいづこも哀のしのびがたき所ある故に、かくの如くなれば、あだなる人とはせず、末摘花《すゑつむはな》はかたちもわろく御心よろずをくれて、とり所なきやうなる人なれ共、身の御ほどをおぼしめし、心ぼそき有さまをおぼしめす故にすて玉はず、花散里《はなちるさと》はかたちあしけれど、心ざまよき故にすて玉はず、是らはみな物の哀の忍びがたきかたあるゆへに、かくのごとくなれば、源氏の君はあだなる人とは別也。

宣長はこのような源氏の君に「物のあはれ」を知る、知らぬという王朝貴族の心情のモラルが集約的に表現され、生き生きと働いている姿をみいだしたのだ。

「物のあはれ」を知る心が、どのような意味で王朝貴族の心情のモラルであったかについては、これまでの説明で理解されたことと思うが、この心情のモラルがたんに歌人の歌心や、物語の世界に閉じこめられるべきではないと、もし宣長がその胸底深く信じていたとしても、それは宣長の人間観からみて、決して不思議でも何でもなかった。むしろ、宣長の胸底にそのような思想があったからこそ、彼は狭義の註釈の域をこえ、人間心情を抑圧する儒仏的な倫理規範がなくして、立派に実在する人倫世界の姿を、『紫文要領』で証明したのだといってよい。

だが、この「物のあはれ」を知る心が、倫理規範として儒仏に権威づけられた道徳規範に対抗して、自らの価値を主張するには、たとえそれが王朝という過去の時代の規範だったとしても、その背後に何らかの儒仏をこえる権威を必要とする。なぜなら、宣長の生きた封建時代は、人間自体が絶対だとされる時代ではなく、したがって、人間の心情そのものからは、その権威は生まれてこない時代だったからである。宣長はこの権威を神代に求めたのだった。

古えへの道

京都時代の宣長は、和歌を楽しむ「私有自楽」的な生き方を主張したとき、その根拠に仰いだのは、契沖から借用した「自然の神道」だった。しかし、そのときは和歌を楽しむ私人の生き方の正当性をここに求めればよかった。

ところが、今度は王朝貴族の人倫規範として、「物のあはれ」を知る心を価値づけなければならないのである。そうだとすれば宣長が自己の私的生活の根拠に仰いだ、しかも具体的な内容の稀薄な自然の神道という観念だけでは、社会を根拠づけるに充分だとはいえないだろう。まして、この観念は契沖からの借り物にすぎなかったのである。ここにおいて、宣長は自らの手で神代の世界を解明し、神の道と王朝貴族の生き方との結びつきを証明しなければならなかった。

宣長は『あしわけをぶね』から、『石上私淑言』や『紫文要領』をかいた宝暦一三年（一七六三）、までの八年間に、一応この証明を試みていた。彼が本格的に『古事記』にとりくんだのは、真淵に会ってからだが、かねて神道に深い関心をもつ宣長は、それまでにも、契沖の方法で『万葉集』、『古事記』、『日本書紀』などの研究を手がけていた。

このことは、この二著をかいた翌々年の明和二年（一七六五）、伊勢の国学者谷川士清《ことすが》に出した宣長の手紙から知ることができる。

自分は不敏をかえりみず、ひそかに復古の志がある。そこで契沖の学問に頼って別に「一雙眼を開き」、古今の和歌を通観して比較考察を加えてきた。その結果、和歌の善悪は明瞭となり、あたかも学を指すが如きだ。「頗《すこぶ》る詠歌の大体を得」たのは、全く「沖公（契沖）の賜也」といわねばならない。それ以後益々古言を学び、さらに古えにさかのぼって研究を深め、「久しくして之に熟す。古言に通暁すれば則ち古典之旨亦明なり」というのが、手紙の趣旨である。

そして、この手紙で宣長は自らの経験に照らし、歌学と古典研究の相互関連の必要性について、次のように説いていた。「歌学者以て神典を学ばざるべからざる也、神学者以て歌書を学ばざるべからざる也。而して近代岐れて二途と為り、相いあずからざる者の如し」（『本居宣長翁書簡集』）。そしてこれは間違いだというのである。

宣長がこのように和歌と古典の研究を相互関連的に進めた結果、宣長が発見したのは、「物のあはれ」をしる心情が、なお豊かだった王朝社会と、神代の世界とは、和歌を通路として互に結びついているということだった。この和歌を通路とする地平こそ、儒仏の道徳的世界とは異質な世界、しかも、日本の神代に発し、日本の歴史の根柢を定礎しつづける非合理な世界にほかならなかった。

道の観念

この世界には、もともと儒教的な意味における道という観念はなかったのである。宣長は『石上私淑言』で、日本の古代にみられる道という観念について、次のように語っている。

「古事記に味御路《うましみち》、日本紀に可怜御路《うましみち》とある、是神代の古言也」。日本の上古には道路という意味以外に道の観念はなかった。しかるに外国から文字が入り、道は道路だけでなく、道徳、道義、天道、人道、道理などいろいろの意味に用いられるようになった。然るに、後世の学者がこのことを知らず、道徳の道の字をもって、日本上古のミチの意味だと解釈しているのは、「大に牽強《けんきやう》附会の事にて、いはれなし」。これが宣長の説明である。

宣長はこのように日本の神代、上古には道徳を意味する道の観念がなかったことを明確にし、さらに、日本の大道である神道でさえ、古代にあっては道と呼ばれなかったと強調する。

> 神道は吾御国の大道なれども、それを道と名づくることは、上代にはなかりし也。文字わたりてかの国の道字の用ひやうを見ならひて後にこそは、天照大御神より伝へまし〱て天日嗣《あまつひつぎ》しろしめす天皇の高御座《たかみくら》の御業《みわざ》をも、神道とは名づけられたり。

上古の日本では、神道でさえ、神の教えをさす道を意味するものでなく、神の道という事実は、天照大御神以来の天皇統治以外になかったと宣長は断定する。だが、日本の古代には道という観念がなかったからといって、道徳という事実がないとするのは速断である。古代の人々は道徳的教訓をうける必要がないほど、実は道徳的に生きていたのだと宣長は考えるのだった。

宣長によれば、日本は天照大御神の国であり、外国よりすぐれた国である。それゆえ、古代の有様は、「人の心もなすわざも、いふ言葉も、只直くみやびやかなるまゝにて、天の下は事なく穏《おだひ》に治まり来ぬれば、人の国のやうに、こちたく（うるさく）むつかしげなる事はつゆまじらずなむ有ける」。これが宣長の日本古代観である。

このように古代の人々の人情は素直で優美であり、その人情にしたがって生きることが、古代にあっては道徳的に生きることだと宣長は解していた。古代人が人情のままに生きたのは、決して道の教戒に縛られたからではなく、天照大御神から発生した天皇統治の当然の結果だというのも、宣長の古代観だった。

天皇統治

神道と名づけられた「天皇の高御座の御業」は、「直くみやびやかなるまゝ」に生きる人々の人情の本然を保証するものとされ、儒仏とは全くちがった主情的人間が成立する基本的条件だったのである。

ではなぜ、天皇統治が人情の本然を保証すると宣長は考えるのか。それは天皇統治が天照大御神を創始者とし、人意をもってはかられない神の意志に従う統治であり、代々の天皇は自らの意志で、人民の人情を矯正しないからである。

「そも〳〵神は、人の国の仏聖人などのたぐひにあらねば、よの常におもふ道理をもてとかく思ひはかるべきにあらず」、天地の万事万物はみなこの神の意志によってつくられたものである。だから、天地の出来事は儒教のいう道理とちがうことも多い。天皇はこのことをはじめから認識し、

「さらにさやうのことはりがましき心をまじへず、さかしだちたる(賢げな)教をまうけず、只何事も神の御心にうちまかせて、よろづをまつりごち給」うだけである。そして、この天皇の下で、「天の下の青人ぐさも只その大御心を心としてなびきしたがひまつる」のである。これがまさに神の道にほかならないが、この神の道がそのまゝ天皇統治であるところにこそ、人々の「人情の本然」が失われないゆえんがある。これが宣長の『石上私淑言』における天皇統治に関する考え方だった。

宣長によれば、この古代の人情のままに生きる人倫の世界は、本来、天皇統治とともに永遠でなければならないはずのものである。しかるに朝鮮や中国から、儒、仏の教えが伝来し、そのため情況が変わってゆく。外国からきた書物を読み、古代の人々は、「いつとなく其心ばへをしたひならふやうにのみなりもてゆき」、奈良時代以後は、日本もすっかり「唐風の如くになむなれりける」(『石上私淑言』)。

とくに中国でも窮屈な教えとされ、「いささかのみじろきもやすからず、とにかく人のよきあしき事をさがなくいひかゝづらふのみ」(同上)をよきこととする経学の影響が強く、素直で風雅な人情はゆがめられ、人情のみによって成り立っていた古代の人倫世界は崩壊してゆく。

その結果、「まことの大道」ともいうべき神道も、経学を学んだ代々の学者によって儒教的に解釈され、彼らは「ひがひがしく(あやまって)よしもなき理をもてよこさまに強言しつゝ」神道を儒教化していった。かくて、日本は天照大御神の光もうすれ、「なほくみやびやかなる神の国の心ばへうせはて」るという世の中に変わったのである。

神代を伝えるもの

しかし、こうした世の中の変化のなかで、幸いなことに神代さながらの人情を保ち、天照大御神の統治の精神を、奈良、平安以後の世に伝えてくれるものがただ一つ残った。それが和歌だと宣長はいう。「されど歌のみぞ、其ころも猶万の事にたがひて、意も言も吾御国のおのづからの神代の心ばへのまゝにては有ける」（同上）。

この意見は、いいかえれば和歌の本質には、神代の世界が内在しているという宣長の思想の表明である。この和歌を通じて宣長は、和歌を日常生活に融合させていた王朝の貴族社会を、神代に結びつけたのだった。和歌に神代が内在しているという理由は、和歌こそ、神代以来人間の真情を、「おのづからの意言《こころこと》のみにて」表現しつづけてきたもの、かつまた人情は和歌でなければ表現できないものだからであった。

宣長はこう考える。儒仏の伝来以後、多くの人々は人間の真情をためる巧智や技巧を好み、和歌を捨てて漢詩に走り、和歌はおとろえた。これはなげくべきことだが、考えようによっては幸運なことだった。というのは、和歌は真実の人情を失った人々の手を放れ、かえってその本質を貫くことができ、「歌は歌にて衰へながらも、神代の心ばへのまゝにては伝はれりける」（同上）といわねばならないからである。「いみじくめでたきわざならずや」と、宣長はこれを喜んだのだった。

ここで明らかなように、宣長における和歌の価値は、もはや『あしわけをぶね』の頃のように、それが真情を美しく表す道だというだけではなくなった。宣長にとって、和歌を何ものにもかえがたいものにするのは、そこに内在している神代であり、このことこそ、真に和歌を価値あらしめるものとなったのだった。いわば和歌は、神代の事実上の延長として価値づけられたのである。

和歌を日常化し、和歌によって情をのべる風儀が生きていた王朝の貴族たち、とりわけ「和歌の生ずる本」である「物のあはれ」を知る心を豊かに備えていた王朝の貴族たちも、当然、和歌を通路として神代の心情をいだいていたはずであり、宣長はこの神代によって根拠づけられた貴族たちの心情のモラルを、現実の社会で儒仏の道徳規範に対抗できる倫理だとして、その胸底におさめたのだった。

なぜ、宣長がこの考えを胸底におさめたというのか。それは『石上私淑言』、『紫文要領』をかいた頃も、宣長はこの心情の倫理を、王朝時代という歴史の一齣《ひとこま》の倫理に限定し、彼自身が生きていた現実の社会において主張しようとしなかったからである。

近世の社会において、儒教的な道徳規範が「本然の人情」を抑圧し、道理と人情との間にさまざまな矛盾をはらんでいることを無論宣長は知っていた。『石上私淑言』や『紫文要領』で、儒教道徳に対しいろいろな批判や疑念をかき記していることからも、それは理解できる。だが、それでも、それぞれの事柄にはそれぞれの道があるという態度を崩さず、社会的な人倫の規範は、儒教道徳にゆだねていたのが、当時の宣長だった。

だが、真淵に会って本格的に『古事記』の研究を深め、古の道について確信をいだくようになるとともに、宣長は主情主義的な人間の生き方を、彼の生きる現実において主張せざるをえなくなる。それは人々を儒仏的な規範による真情の抑圧から解き放ち、のびやかな人情に即した人間の生き方を、近世封建社会のなかで、積極的に主張しようということだった。『古事記』研究が深まるにつれて、宣長が把握した古道こそが、宣長にとって主情的人間の存在を現実の社会で保証する最高の権威となった。

Ⅳ　古道と人間

『古事記』の研究

宣長が三五ヶ年の歳月を費して『古事記』の解明に没頭したのは、決して単純な知的、学問的な関心のみにもとづくものではなかった。宣長のこの超人的ともいうべき努力を支えてきた情熱は、宣長が『古事記』のなかに、彼自身の、そしてすべての日本人の生き方の根拠、つまり仰いで信ずべき道を求めようとした宣長の思想から生まれたものであることは間違いない。

『古事記』への関心

勿論、宣長は伊勢松阪の住人として、若い頃から伊勢神宮を尊崇し、自然のうちに彼の神道への関心が養われていただろう。「神書といふすぢの物、ふるき近き、これやかれやとよみつるを、はたちばかりのほどより、わきて心ざし有しかど」（『玉勝間』二の巻）というのをみれば、二〇歳頃から彼の神道への関心が、自覚的なものになっていったことも推測される。もし、そうだとしたら、すでに触れたように、恐らくその頃の宣長の神道が垂加流だったと考えてもよいのではないか。

しかし、宣長が自分の生き方との関連で神道を把握しようとしたのは、何といっても京都時代にうけた契沖の影響によるものだった。「私有自楽」と「自然の神道」との思想的関係を想起すれば、このことは明らかだろう。松阪へ帰ってからの宣長は、和歌の道に生きる私人のための神道という関心から大きく脱皮し、人倫社会の心情倫理である「物のあはれ」を知る心と、神道＝天皇統治との関係を、和歌を通路として把握し、儒仏の規範ではなく、心情の倫理によって立派に成立している社会のいわばモデルを、王朝の貴族社会にみいだしたのだった。

だが、このときはまだ人間真情を保証する神道＝天皇統治を、ただ天照大御神の統治を継承し、神々の非合理な意志に従う政治、天皇個人の恣意を加えない政治としてとらえていただけであり、『古事記』に記された神々の不思議な働きと天皇統治の関係については、まだ言及していなかった。

しかし、『石上私淑言』、『紫文要領』の頃は、心情のモラルが生きて働く世界を、王朝の貴族社会に求めることで満足するかにみえた宣長も、やがて、このモラルを物語の世界や、ある一定の歴史的に限定された時代の枠に閉じ込めておくだけでは我慢できなくなる。その理由はそんなに複雑なものではなかった。

宣長は医師という社会的な地位につき、しかも『家のむかし物語』でみたように、この地位に必ずしも満足せず、親、先祖のためという一般的な道徳意識に支えられて、同時に宣長自身の律義さから、その仕事にたえてきたこと。それにもかかわらず、他の一方では王朝の和歌、物語の研究に沈潜することによって、内面的には、ますます人間の真実である主情性にひかれてゆくという、京都時代には全く考えもしなかった精神的な矛盾が、松阪に帰って数年間の宣長の思想のなかに醸成されてきたこと。しかも、宣長がその外面的な生活において、何ら起伏のない地道な生き方をえらび、この矛盾を噴出させなかったがゆえにかえって内面の葛藤を激しくさせていったとも想像される。

このような矛盾をはらみながらも、自らの好み、信じ、楽しむ道を貫き通さないでおかないのが宣長の自我だった。さきには儒の思想に汚染されない和歌を通してのみ感得できた神代の世界を、今度は、神代を如実に描いた『古事記』をあきらかにすることによって直接に現実社会に結びつけ、そこに主情的に生きる人間の生き方を、全面的に肯定する道を求めようとする。『古事記』は、それが可能な神の典籍だという予感を、かねてから宣長に与えている古典だった。そして、ちょうどこのようなときに、宣長は真淵にめぐり会ったのである。

『古事記』に対する宣長の本格的な研究には、現実の社会において、儒仏的な人倫規範に対決し、これを克服しようとするきびしい決意が秘められていたとみて間違いない。宣長はこの学問を古学と呼び、そこで確認された道を古道となづけた。宣長のこのような秘められた決意を鼓舞したのが、ほかならぬ『古事記』を解明するには、「漢心」を去らねばならないという真淵の教えではなかったか。

この教えは、あたかも儒仏の規範、世界観をトータルに否定せよという響をもって宣長に迫った教えだった。宣長はこうした動機によって、この先何十年かかるかわからないけわしい『古事記』研究の道に分け入ったのである。

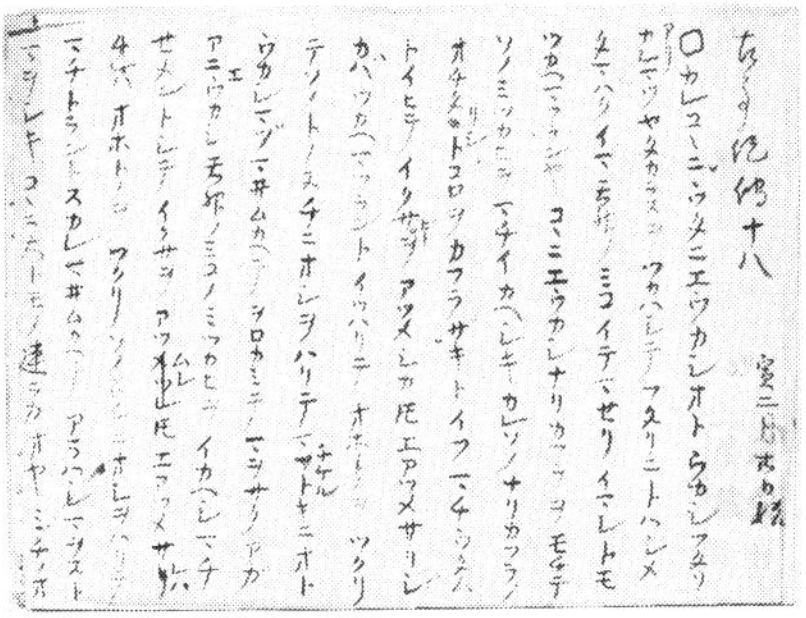

『古事記伝』草稿
（本居宣長記念館蔵）

『古事記』研究の態度

宣長が『古事記』の研究に際してとった態度は二つあった。

その一。『古事記』は『日本書紀』とちがい、古代の言語で神代、上古の「事実」を記した唯一最高の古典だという認識のうえに立ち、古語のもつ歴史的意味を正確に把握してこそ、神代、上古の人々の思想、「事実」を客観的に理解できるという文献学的な態度である（『古事記伝』巻一。「古記典等総論《いにしえぶみどもすべてのあげつらい》」『本居宣長全集』）。

この態度で『古事記』にのぞむ場合、宣長が何よりも必要だとしたのが、真淵から受けた教えである「漢心」を去れということだった。『古事記伝』（巻一）「訓法《よみざま》の事」でこうのべている。

かにかくにこの漢の習気を洗ひ去るぞ、古学の務には有ける、……語にかゝはらず、義理《ことわり》をのみ旨とするは、異国の儒仏などの、教戒の書こそあらめ、大御国の古書は然《しか》人の教戒をかきあらはし、はた物の理《ことわり》なとを論《あげつら》へることなどは、つゆばかりもなくてたゞ古を記せる語の外には、何の隠れる意《こころ》も理をも、こめたるものにあらず、……まして其文字は、後に当る仮の物にしあれば、深くさだして何にかはせむ、唯いく度も古語を考へ明らめて、古のてぶりをよく知るこそ、学問《ものまなび》の要《むね》とは有べけれ。

ここで宣長がいう「漢心」とは、厳密な儒教思想や心情的な中華崇拝をさすだけではなく、徳川社会に浸透している儒教的な価値観念、あるいは思弁的な思考態度など、広く道学的な社会意識一般をさすものである。それは宣長が『玉勝間』(一の巻)で、「漢意《からごころ》とは漢国のふりを好み、かの国をたふとぶのみをいふにあらず、大かた世の人の、万の事の善悪《よさあしさ》是非を論ひ、物の理をさだめいふたぐひ、すべてみな漢籍《からぶみ》の趣なるをいふ也」とのべていることからも、明らかである。

その二。その一にのべた態度によって、客観的に解明された『古事記』の世界、とくにそこに描き出されている神代の「事実」を、そのまま絶対的な「事実」として信じ、直ちにその「事実」を、人間生活の依拠すべき窮極的な価値として仰ぐという信仰的態度だった。

そして、その際、「漢心」は人智の有限性を忘れ、一切を思弁的に合理化する人間の思い上がりだとして斥けられる。それは人間は理性だけで成り立つものではないという宣長の主情的人間観と、宇宙万物は人為を超えた神々の所為だとする彼の世界観に由来するものだった。これについては後にのべる。

宣長にとって、『古事記』はなぜ仰いで信ずべきものだったのか。その理由を簡明に語っているのが、天明六年(一七八六)につくられた『玉鉾百首』だろう。

世の中のあるおもぶきは何事も神代のあとをたずねてしらゆ
つたへなき事はしるべきよしもなし知らえぬことは知らずてをあらむ
国々に伝へはあれど日の本にもとのまことの道はつたはる
世の中の善きも悪きもことぐ〳〵に神の心のしわざにぞある
さかしけど人のさとりはかぎりあるを神代のしわざいかではからん

これらの和歌は、いずれも宣長がどのような意味で『古事記』を信じていたかを端的にしめしてくれる。それは『古事記』が、仰いで信ずべき神々の「事実」をつたえた唯一の古典だというにあった。この「事実」は、同時に人々が仰いで従うべき規範であるというのも、また宣長の信念だったのである。この点について、『古事記伝』（巻三）で次のようにのべている。

凡て世間にある事の趣は、神代にありし跡を以て考へ知るべきなり、古より今に至るまで、世ノ中の善《よき》悪き、移りもて来しさまなどを験《こころ》むるに、みな神代の趣に違へることなし。

あるいは、『古事記伝』（巻七）に、

人は人事《ひとのうへ》を以て神代を議《はか》るを（世の識者、神代の妙理《たへなることわり》の御所為《みしわざ》を識ることあたはず、此を曲て、世の凡人《ただひと》のうへの事に説きなすは、みな漢意に溺れたるがゆゑなり）我は神代を以て人事を知れり、いでそのおもむきを委曲《つばら》に説むには、凡て世間のありさま、代々時々に、吉善事《よごと》凶悪事《まがごと》つぎ〳〵に移りもてゆく理は、大きなるも小さきも……悉《ことごと》に此神代の始の趣に依るものなり。

宣長が『古事記』研究にあたってしめした実証的客観的態度と信仰的主観的態度とは、一見矛盾するかのようにみえるが、宣長自身にとっては、何ら矛盾するものではなかった。というのは、『古事記』は、もともと批判を許さぬ「真実」の記録だというのが宣長の信仰であり、それは仰いで信ずべきもの以外の何物でもなかったからである。したがって、実証的、客観的な研究方法は、宣長がその「真実」をより詳細に、より正確に認識するための手段にすぎなかったといってよい。だが、宣長はこの手段を身につけるために、契沖や真淵の文献学的な方法を必死で学びとらなければならなかったのだった。

こうした態度で『古事記』を研究した結果、宣長がそこで発見したのは、神代の世界が、信じて仰ぐための遙かな過去の世界だったのではなく、実は現実の世界に内在し、それを動かしているという「事実」だった。この「事実」が、広い意味で宣長の古道だということもできる。

『古事記』の神々

宣長の古道論にみられる神代と現代との連続性は、宣長が『古事記』研究を通じて、その姿を明確にした神々と、その神々を中心に形成された宣長の道の思想が創造した彼の世界観にほかならなかった。そこで、まず、宣長が神々について詳しく註解している『古事記伝』(巻一―巻十七)から、宣長の神々についての思想をたずね、次に、『直毘霊』はじめ彼が道を論じたいくつかの著作によって、彼の道の思想を考え、その後、神代と現代の連続性について宣長の考え方をまとめてみたい。

『古事記』に現れる神々は、その性格、機能から大別して六つの類型に分けられるように思う。それぞれの型の神について宣長が説くところをきいてみたい。

第一類型の神は、天地初発のとき天空に産まれでた天之御中主神《あめのみなかぬしのかみ》。「天真中《あめのまなか》に坐々《ましまし》て、世ノ中の宇斯《うし》（主人）たる神と申す意の御名なるべし」（『古事記伝』巻三）といわれ、宇宙の中心にあたる神である。

第二の類型の神は、同じく天地初発のとき、天之御中主神についで産まれでた神々で、高御産巣《たかみむす》日《び》、神産巣日《かみむすび》の神がこれである。宣長はこの神々について「さて世間に有りとあることは、此天地を始めて、万の物も事業《こと》も悉に皆此二柱の産巣日《むすび》ノ大御神の産霊《むすび》に資《より》て成出るものなり」、それゆえ神々のなかで「殊に尊く坐々て」、最も尊敬すべき神々だと説明する。この神々は天地万物生成の神であり、『玉鉾百首』でも、

もろ〳〵のなりづるものは神むすび高みむすびの神のむすびぞ

と詠まれている神々である。

第三の類型の神は、天地未分の混沌としていたとき、葦の芽のような物から幾人かの神々が産みだされたが、その最後に産まれた伊邪那岐《いざなぎ》神と伊邪那美《いざなみ》神という男女一対の神。この二神は第一、第二の神々、つまり天神《あまつかみ》たちの命により、日本をはじめ世界の国々、一切の自然物と自然現象を含

む万物、天照大御神はじめ、多くの人格神を産んだ神々である。

第四の類型の神々は、伊邪那美神が死去して後、伊邪那岐神は悲しみにたえず、女神を夜見国《よみのくに》にたずねたが、そこで女神の意に逆って追い出され、その夜見国の汚を払うため、筑紫の日向の橘の小門《おど》の阿汲岐《あはぎ》原で禊《みそぎ》したとき、伊邪那岐神が産みだした幾人かの神々。なかでも人間の吉凶の運命を左右する八十禍津日《やそまがつび》神、大禍津日《おおまがつび》神と神直毘《かんなおび》の神、大直毘の神々である。

宣長は禍津日の神々について、「さて世間《よのなか》にあるあらゆる凶悪事邪曲事《あしきことよこさまなること》などは、みな元は此禍津日ノ神の御霊より起るなり」(『古事記伝』巻六)といい、世ノ中の諸《もろもろ》の禍害《まがごと》をなしたまふ禍津日ノ神は、もはら此夜見の穢より成坐《なりま》せるぞかし」(同上)とその発生のゆえんを説明している。

また、直毘神については、「此二柱は、(伊邪那岐神が禊して)穢より清きにうつる間に成坐せる神にして直毘とは、禍《まが》を直したまふ御霊の謂なり」(同上)とのべている。

皇祖の神々

第五の類型の神々は同じく伊邪那岐神が禊の最後の段階で、つまり穢を払った段階で産みだした神々。伊邪那岐神が左の目を洗ったときに産まれた天照大御神、右の目を洗ったときに現れた月読命《つくよみのみこと》、鼻を洗ったときに産みだされた建速須佐之男命《たけはやすさのをのみこと》の三神である。

伊邪那岐神はこの三神の誕生を、自分は多くの子供を生んだ末に、三貴子《みはしらのうずのみこ》をえたと喜び、この三神にそれぞれ高天原、夜の国、海原の統治を命じた。つまり、この三神は皇祖の神々である。

宣長は天照大御神を説明して、「さて此大御神は、即《チ》今のあたり世を御照し坐々《まします》天津日《あまつび》（太陽）に坐々《ましませ》り、されば月日は、今此御禊によりて始て成出坐《なりいでます》ぞかし（此より前には、月日坐ことなし……）」（同上）といい、月読命について「さて此大御神も、即今天に坐々月に坐せり」（同上）とのべている。

この三貴子のうち、宣長が最も尊崇せよと説くのは、いうまでもなく天照大御神である。なぜなら、天照大御神は、伊邪那岐神の命によって高天原の統治者となったからであり、宣長はこのとき初めて宇宙の君主ができたのだと強調する。

さて天照大御神は、此御事依《みことよさし》（命令）のまに〱、天地の共無窮《むたとこしへ》に高天原を所知看《しろしめし》て、天地の表《うら》裏《うえ》を、くまなく御照し坐まして、天ノ下にあらゆる万国、此御霊を蒙らずと云ことなければ、天地の限りの大君主《おほきみ》に坐々て、世に無上至尊《かみなくとうと》きは、此大御神になむまし〱ける（此より先に高天原に既《はや》く五柱ノ神は坐ませども、いまだ高天原を所知看と申せることなければ、君主《きみ》とは申がたし、君主は、たゞ此天照大御神ぞ初には坐ける……）。（『古事記伝』巻七）

ついでにその他の皇祖神たちについてのべておけば、天照大御神が高天原で、夜見ノ国に行くため別れを告げにきた須佐之男命の真意を図りかねたとき、須佐之男命はその他意なきことを証明するため、自分は女子を産むと宣言した。そこで、天照大御神は須佐之男命の剣で、須佐之男命は天照大御神の髪飾の珠でそれぞれ子供を産もうと話がまとまり、須佐之男命がその髪飾の珠をかみくだいて吐き出したときに生まれたのが正勝《まさかつ》吾《あ》勝《かつ》速《はや》日《ひ》天之忍穂耳命《あめのおしほみにのみこと》だった。

この神は男神だが、珠が天照大御神の所持品であるところから、天照大御神の子とされ、須佐之男命の剣から生まれた女神は、須佐之男命の子とされた。これで須佐之男命の潔白は証明されたのだった。

この天之忍穂耳命の子が、天孫降臨で有名な邇《に》々《に》芸命《ぎのみこと》である。

第六の類型の神々は、産巣日の神の霊と、伊邪那岐、伊邪那美男女二神の生殖作用によって産みだされた神代の人間、動物、植物、鉱物などの自然物、火、風、雨、雪、雷などの自然現象のなかで、非合理な恐るべき力をもつものすべてである。

以上が『古事記』の神々の大要であり、便宜上ここでは六つの類型に大別したが、それにこだわる必要はない。宣長はこれらの神々について、その共通の特色を『古事記伝』（巻三）で詳細に説明している。この説明は宣長の古道思想の重要な位置を占める彼の神の観念を余すところなくしめすものなので、少し長いが要約しながら紹介しておきたい。

神と神代と

「さて凡て迦微《かみ》とは、古ノ御《み》典《ふみ》等に見えたる天地の諸《もろもろ》の神たちを始めて、其を祀《まつ》れる社に坐す御霊をも申し、又人はさらにも云ず、鳥獣木草のたぐひ海山など、其余《ほか》何にまれ、尋常《よのつね》ならずすぐれたる徳《こと》のありて、可畏《かしこ》き物を迦微とは云なり」。これが包括的な神の定義である。要するに、常識ではかられない恐るべき能力をもつものが、宣長では神と考えられている。

したがって、神のすぐれた徳といっても、それは尊い徳、善き徳にかぎられない。悪いもの、奇怪なものをもすぐれた徳に数えられると宣長はいう。さらに宣長の神観で注意すべき点は、たとえば海や山も神だが、それはその海や山に宿る霊を指して神というのではなく、「迦微と云は体言なれば、たゞに其物を指して云のみ」とされるように、「直ちに其海をも山をもさして云」う、つまり海、山そのものが神だとされていることである。この考え方は、すべてのものに霊魂の存在を認めるアニミズムと全くちがった宣長独自のものだろう。

宣長にあっては、神はこのように種々様々であり、貴きもの、賤きもの、強きもの、弱きもの、善きもの、悪きものすべてが、何らかの超能力さえあれば、それは神とよばれ、そのなかには犬や狐も含まれている。神が様々であれば、彼らの心や行為も多様なのは当然で、宣長も「大かた一むきに定めては論ひがたき物になむありける」とのべている。だから、宣長によれば、日本の神々を外国の仏菩薩、聖人のようなものと考え、「当然《しかるべ》き理《ことわり》と云ことを以て」、神を理解しようとするのは、「いみじきひがことなり」とされねばならなかった。

このような超能力をもった非合理な存在である神々に対して、人間はどう対応すればよいのか。宣長はいわば彼の神観の結論として、こうのべる。「善きも悪きも、いと尊くすぐれたる神たちの御うへに至りては、いとも〳〵妙に霊《あやし》く奇《くす》しくなむ坐ませば、さらに人の小き智《さとり》以て、其ノ理《ことわり》などすへのひとへも、測り知るべきわざに非ず、ただ其ノ尊きをたふとみ、可畏きを畏みてぞあるべき」。人は神々に対しては、ただ信じ仰ぎ、従うあるのみである。

やや長きにわたって『古事記』に現れた神々および、それに関する宣長の見解を紹介してきたが、宣長にとって神とは、尋常の理では説明できない超能力をもつ「可畏き」存在であり、神代とは、この神々の種々様々な営みによって織りなされた非合理な世界にほかならなかった。

しかし、神代は有限な能力しか所有しない人間にとってこそ、不可思議な非合理な世界だったが、そこには人智を超越した神々の「妙理」(『古事記伝』巻七)、あるいは「神代の妙趣」(『玉くしげ』)が働き、神々の立場からみて、それは決して非合理な世界ではなかったのである。宣長は神代をこのように把握し、そこに人事をはかる跡＝規範を求めることによって、神々の世界を、儒教的な人間観からみて非合理なものとされていた非合理な主情的人間の価値的な根拠にすることができ、古道論においてその論旨を展開したのである。

とくに、第四の類型に属する禍津日、直毘の神々に対する宣長の信仰は、儒教的な道徳規範を相対化するのに最も有力な武器となっただけでなく、現在と神代の連続性を証明する武器でもあった。

また、第六の類型に属する神々についての宣長の思想も、『古事記』に現れた自然物、自然現象を神々とみなし、『古事記』記載の「事実」を人間の知的認識や、合理的思惟のおよばぬ領域に祭りあげ、儒教、なかでも朱子学が主張する天地、万物、人間を貫徹する道や理の存在を否定する重要な役割を果たすことになる。

宣長はこうした神代の「妙趣」、「妙理」に疑いをいだかず、非合理な世界に安んじて生きる人々が、産霊《むすび》の神によって産みだされた生まれたままの真情を失わず、教えなくして、道徳を実践する人々だと信じていた。このように宣長の『古事記』の神々に対する認識が、直ちに古道につながる基本的な前提だった。

では、宣長の古道論とはどのようなものだったのか。

古道論

古代における天皇統治

宣長が本格的に『古事記』の研究を進め、そこで確信した道を論証し、それをもって初めて真正面から儒教を批判したのが、明和八年（一七七一）、四二歳の著作『直毘霊』（『本居宣長全集』）である。この『直毘霊』を中心に、そのほか道を説いた宣長の著作を交えながら、彼の道についての思想を考えてみたい。

『直毘霊』のはじめに、宣長は古代の天皇統治について、次のようにのべている。

皇《すめら》大御国は、掛まくも可畏《かしこ》き神御祖《かんみおや》天照大御神の御生坐《みあれま》せる大御国にして、大御神大御手に天つ璽《しるし》を捧持して、万千秋《よろずちあき》の長秋に、吾《あが》御子のしろしめさむ国なりと、ことよさし賜へりしまに〱、天雲のむかふすかぎり、谷蟆《たにぐく》のさわたるきわみ、皇御孫命《すめみまのみこと》の大御食国《おおみおすくに》とさだまりて、天下にはあらぶる神もなく、まつらはぬ人もなく、千万御世《ちよろずみよ》の御末の御代まで、天皇命《すめらみこと》はしも、大御神の御子とましまして、天つ神の御心を大御心として、神代も今もへだてなく、神ながら安国と、平けく所知着《しろしめ》しける大御国になもありければ、古の大御世には、道といふ言挙《ことあげ》もなかりき。

（『古事記伝』巻一）

日本は天照大御神が皇孫に「天つ璽」（三種の神器）を授け、統治を依託することによって、皇孫の子孫である天皇の統治が絶対的に保証され、それゆえ皇位をうかがう者もなく、とくに古代にあっては天下が平穏で、何ら道徳的教戒の必要もなかったと、宣長はここでのべている。

この文章のなかで注意しなければならないことは、宣長が天皇統治を「神代も今もへだてなく」といい、その解説で天皇だけがそうなのではなく、臣下の「臣連《おみむらじ》八十《やそ》伴緒《とものお》」にいたるまで、「只一世の如くにして、神代のまゝに奉仕れり」とのべている点である。

このことは、天皇統治が現在（宣長の時代）に厳存し、古代天皇の臣僚たちの子孫も現存して、神代と同じように天皇に奉仕していることを強調するものであり、何よりも神代が現在に連続しているとする宣長の考え方を明示するものだろう。

なお一つ注意すべきは、ここでも『石上私淑言』と同じように、宣長が「古の大御世には、道といふ言挙もさらになかりき」と、とくに古代の天皇統治の特色を指摘していることである。「道といふ言挙」がなかったのは、道徳がなかったのではなく、道の教えを必要としないほど世の中が平安に治まっていたという「事実」があったことであり、宣長がその解説でのべたように、「さればかの異国《あだしくに》の名にならひていはば、是ぞ上もなき優れたる大き道にして、実は道あるが故に道てふ言なく、道てふことなけれど、道ありしなり」というべきだった。

このように古代日本の天皇の治世が平穏そのものだったのは、天皇統治の絶対性に加えて、代々の天皇が「天つ神の御心を大御心として」統治し、「何わざも、己命《おのれみこと》の御心もてさかしだち賜はず」、また下なる人々も神代さながらの真情を失わず、神代の「妙理」に何一つ疑いをいだかなかったからだと宣長は考えるのである。

ところが、朝鮮、中国から書籍が渡来し、天皇や臣僚がそれを学んで後は、「其国のてぶり」がだんだん用いられ、それらと区別するため、神代さながらの統治、つまり「大御国の古の大御てぶり」は、「取別て神道とはなづけられ」るようになる。そして、ついに天智天皇（六四五―六七〇）の時代以後には、「天の下の御制度も、みな漢《から》になりき、かくて後は、古の御てぶりは、たゞ神事《かみわざ》にのみ用ひ賜へり」。それとともに人々の心にも「さかしら」が生じ、「直く清かりし心も行も、みな穢悪《きたな》くまがりゆきて、後つひには、かの他国のきびしき道ならずては、治まりがたきが如くなれるぞかし」と古代の日本は変化していったと宣長はみる。ここまでの宣長の意見は、ほとんど『石上私淑言』の古代天皇統治論と同じである。しかし、すぐ明らかにされるように、『直毘霊』における古道論は、『石上私淑言』における道の論と同じではなかった。

絶対性への確信

宣長は『直毘霊』では、こうした世相、人心の変化をすべて「禍津日神の御心のあらび」に帰し、これを「いと悲しきわざ」だと嘆息するが、これをもって「大御国の古の御てぶり」が消失するとは考えない。むしろ、このような世相、人心の変化にもかかわらず、「古の御てぶり」＝神の道が、日本の歴史において、自らを貫徹しているところに、神代の「妙理」を感得するのである。この神代の「妙理」の働きが、『石上私淑言』当時の宣長には、はっきりと認識されていなかったのだ。道のなかに「妙理」をみるかみないかは、大きなちがいだといわねばならない。

然れども、天照大御神高天原に大坐々して、大御光はいさゝかも曇りまさず、此世を照しまし〳〵、天津御璽はた、はふれまさず（散り失せない）伝はり坐て、事依《ことよさ》し賜ひしまに〳〵、天下は御孫命《みまのみこと》の所知食《しろしおし》て、天津日嗣の高御座（皇位）は、あめつちのむた、ときはにかきはに動く世なきぞ、此道の霊《あや》しく奇《くすし》く、異国《ことくに》の万の道にすぐれて、正しき高き貴き徴《しるし》なりける。

これはいかなる時、いかなる世相のもとにおいても、天皇統治の絶対性はゆるがず、神代と現在の連続性は崩れないという「霊しく奇」しき道に対する宣長の確信の表明である。

かくして宣長は、『直毘霊』で、改めて道を次のように定義する。

そも此道は、いかなる道ぞと尋ぬるに、天地のおのづからなる道にもあらず、人の作れる道にもあらず、此道はしも可畏きや高御産巣日神の御霊によりて、神祖《かむろぎ》伊邪那岐大神伊邪那美大神の始めたまひて、天照大御神の受けたまひたもちたまひ、伝へ賜ふ道なり、故《かれ》是以神の道とは申すぞかし。

このように道は、皇祖の神々につくられた天皇統治そのものであり、したがって、「下なる者」

がこの道に対し、とやかく言うことは絶対許されないとし、さらにこの道のほかに別に道を立て、これを説くのもあやまりだ、「下なる者」はただこの道に従うあるのみだというのが、宣長の道に対する基本的な姿勢だった。この天皇統治に対する下々の絶対的な服従、これが『古事記』研究の結論として、宣長が道にいだいた信念だった。

　この信念は裏からいえば、天照大御神の統治が伝わらず、国初から人心が素直ではなかった中国、そのために聖人や儒教が生まれ、きびしい教えで人々を矯正した中国とはちがい、神代の「妙理」や「妙趣」に従って生き、絶対不変の統治者によって、生まれたままの真情を保証され、きわめて大らかに生きてきた日本古代の人々の生き方を、絶対に正しいものとする宣長の信念でもあった。

　いにしへの大御代には、しもがしもまで、たゞ天皇の大御心を心として、ひたぶるに大命をかしこみゐやびまつろひて、おほみうつくしみ（天皇の慈愛）の御蔭にかくろひて、おのも〱祖神《おやがみ》を斎祭《いつきまつり》つゝ、ほど〱にあるべきかぎりのわざをして、穏《おだひ》しく楽しく世をわたらふほかなかりしかば、今はた其道といひて、別に教を受けて、おこなふべきわざありなむや。

これは人間の身分的上下を絶対とする封建社会で、被治者の生き方の理想を描いた、一種ユートピア的な世の有様といえようが、宣長にとっては、この理想の姿はかつて古代に厳存した天皇統治下に生きる下々の姿そのものだった。

天皇統治と人間の真情

これまでの叙述から察せられるように、天皇統治と、古代人の真情さながらの生活とを不可分の関係においてとらえるところに、宣長の道の内容的な特色があった。この特色のなかには、宣長が若き京都時代からいだきつづけてきた「私有自楽」の思想、いいかえれば非政治的な私的自由を楽しむというその生活信条が、見事に古代の人々に投影されている。

この天皇統治と人間真情の不可分性にみられる古代人の生き方に、「自然の神道」を信じて政治的な儒教を斥け、ひたすら「好・信・楽」を信条に、和歌の世界を楽しんでいた若き日の宣長の姿が、写し出されているだろう。ただちがうところは、かつての宣長が、自分ひとりがそうだったのに対し、古代の人々は天皇の「おほみうつくしみ」をうけ、すべてがそうだったという点である。「私有自楽」の生き方は、ここでは社会的正当性を獲得していたのだった。宣長の『古事記』の研究は、この意味でも、彼自身の生き方に結びついていた。

京都時代だけでなく、『石上私淑言』や『紫文要領』の頃でも、和歌を通路とするという前提はあったが、宣長は王朝貴族の社会における「物のあはれ」を知る心情の倫理と、天照大御神の統治との不可分性を信じていた。そして、いま『直毘霊』では、和歌という通路の助けをかりる必要もなく、古代人の真情生活と天皇統治との結びつきを、『古事記』の「事実」そのものから、読みとっていたのである。『石上私淑言』や『紫文要領』の時代の宣長には、まだ、天皇統治そのものをも包み込む神代の「妙理」の演出者、神々に対する認識が徹底してはいなかった。このことは、さきにのべたとおりである。

　天皇統治と、古代人の真情生活とを一体的にとらえる上述の宣長の古道論の特色に従うならば、人々の真情を永遠に保証し、人間の内面に虚偽や偽善が生ずる余地を封じ、儒教的な道徳規範を不要とするという意味で、天皇統治は、それ自体すぐれて倫理的機能を営む統治であるという特色をもつ。宣長が「かの国の名にならひていはば、是ぞ上もなき優れたる大き道」と語ったのは、とりもなおさず、彼が道＝天皇統治のもつこの倫理的意義を自覚的に把握していたことをしめしている。

　天皇統治がこのような倫理的機能をもつとされた結果、宣長の道の思想は、神々の創造した「大御国の御てぶり」という観念が中枢を占め、天皇統治の絶対性がもつ倫理的機能に、一切の道徳的権威を吸収し、個々の人々を儒仏的な既成の道徳的権威から解放するという思想的な役割を担うことになった。たとえば、『直毘霊』における次のような発言は、古道論に裏づけられてこそ、はじめて可能となったものである。

> 其道（儒の道）にそむける心を、人欲といひてにくむも、こころえず、そも〳〵その人欲といふ物は、いづくよりいかなる故にいできつるぞ、それも然るべき理にてこそ、出来たるべければ、人欲も即天理ならずや。

勿論、宣長が天理を信じているはずはない。なぜなら、宣長の信じて仰ぐ神々の世界には、「妙理」以外のいかなる理も存在しないからである。天理は儒者が勝手に名づけた虚構である。虚構だと信ずるがゆえに、宣長は儒者、なかでも朱子学者が最高の権威と仰ぐ天理の論理を逆用し、儒者を揶揄したのだった。ここにはもはや儒教の権威はみられない。

聖人への攻撃

宣長は古道論の確立によって、公然と儒教の権威を剝奪し、儒教批判の道を開くことができた。そして批判の口火は、日本の古代とは全く異質な中国古代における統治の様態に向けて切られたのだった。天皇統治を道とする宣長にとって、これは当然のことだろう。宣長の道を論じた著作のなかから、古道論を武器に聖人や儒教を攻撃したきびしい宣長の発言をとりあげてみたい。

宣長によれば、日本のような統治の絶対不変性のない国々では、統治者は一般に権力闘争によって決定される。この権力闘争が、またその反覆が、人心を悪化させる根源だと宣長はいうのである。中国もその例外ではなかった。

其国（中国）のならはしは、かく君をほろぼして、その国をうばふがつねなる故に、いにしへより、下《しも》なるものは、上のひまをうかがひてとらんとし、上なるものは、人にとられじとかまふるから、上と下としたの心やはらがず、かたみにこちたき（ことごとしい）思ひはかりごとするあまりに、よろづの事まことはいとすくなくて、いつはりかざりのみぞおほかる、そも君の国をう

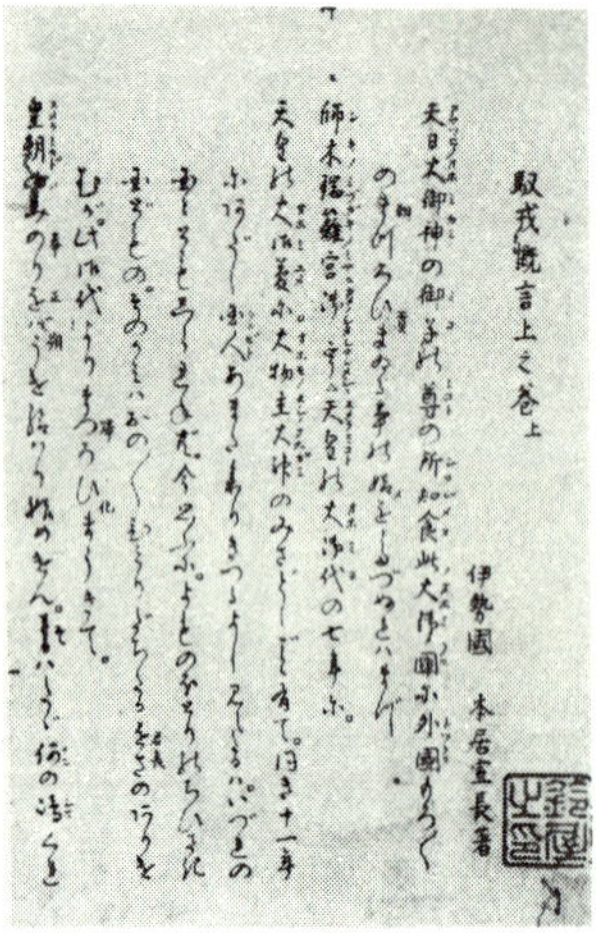

『馭戎慨言』自筆稿本

ばふにつけては、そのいみじき罪をまぎらはさんがために、あるひは天より授給《さずけ》ふなどやうのいつはりごとを、くさぐ〜かまへ、ふみことばをうるはしくかざりて、民をあざむき、又よろづのさだめをくはしくして、たふとき事に思はせなど、すべてうはべはいとめでたけれど、したの心なんわろくきたなき国なりける。(『馭戎慨言』『本居宣長全集』)

すべて権力によって国を奪ったものが、その国を統治してゆくためには、その権力の「正当性」を主張するため、虚偽のイデオロギーを必要とする。これが中国のいわゆる道であり、規範であり、法制であり、それによって民心を統合、収攬《らん》しようとする。中国では、その国を奪った権力者が聖人にほかならない。

宣長は、この聖人について次のようにいう。「国をし取つれば、賤しき奴《やっこ》も、たちまちに君ともなれば、……其が中に、威力《いきおい》あり智り深くて、人をなつけ、人の国を奪ひ取て、又人にうばゝるまじき事量《ことばかり》をよくして、しばし国をよく治めて、後の法《のり》ともなしたる人を、もろこしには聖人とぞ云なる」(同上)。だから、この聖人が制作した道の目的も「其旨をきはむれば、たゞ人の国をうばはんがためと、人に奪はるまじきかまへとの、二にはすぎずなもある」(同上)といわざるをえない。この聖人の道による統治、これが中国の統治の様態だと宣長は断定したのだった。

聖人がこのようなものだとしたら、聖人を尊敬することは全く当をえないことになる。宣長はこの立場に立って、儒教の権威の源泉に向かって、さらに激しい攻撃を加えていった。『葛花』(『本居宣長全集』)をみてみよう。

「聖人はもと大きなる盗にて、人の物をぬすみて、己その術をよく知れるから、その防ぎのすべも功者なるは、さも有べきこと也」。しかも、国盗人の聖人は「善きことのかぎりをして、諸人をなづけ」ようと全力を尽し、「また易《やく》(易経)などいふ物をさへ作りて、いともこゝろふかげにいひなして、天地の理をきはめつくしたりと思」いて人をあざむくが、これも「世人をなづけ治めむための、たばかり事」だといわねばならない。このように宣長は、聖人を偽善の極致として攻撃したのだった。

聖人がこのように巧智を弄し、人々をたぶらかすことができたのは、一面からいえばその国の人人が、神代の「妙理」を知らず、早くから真情を失っているからでもあると宣長は主張する。もし彼らが神代の「妙理」を知っていれば、聖人の巧智などにだまされるわけはない。彼らが人智の有限性を自覚せず、聖人の智を無限だと錯覚するのは神々の働きを知らないからだと宣長はみるのである。

漢国の人は、聖人の智は、天地万物の理を周く知尽せる物と心得居るから、そのさかしらを手本として、己が限りある小智をもて、知がたき事をも、強てはかりしらんとする故に、その理の測りがたき事に至りては、これを信ぜず、おしてその理なしと定むるは、かしこげに聞ゆれ共、返りて己が智の小きほどをあらはすものなり。

こうした聖人が、こうした人々に教える教えが儒教にほかならない。そうだとしたら儒教は虚偽の教えであり、人を害するものと考えざるをえない。これが宣長の窮極的な儒教観だった。

儒教批判

このように宣長は、儒教が国教的地位を占めていた近世社会において、儒教は偽りの教えだという観点から、儒教のイデオロギーのもつ虚偽性の暴露を目的に、儒教批判の視角を設定したのである。これはラディカルな行為であったというほかはなかろう。

宣長にとって儒教は、「まことには一人も守りつとむる人」(『直毘霊』)もない、「人をそしる世の儒者《ずさ》どもの、さへずりぐさ」(同上)にすぎない。それは「仁義礼譲孝悌忠信」など、「こちたき名どもくさ〳〵作り設けて」(同上)、いかに権威づけてみても、権力的な強制手段をともなわなければ、自発的に人々がそれに従うはずなど絶対にありえない、人間性を無視した教戒だとされていた。

儒教は、いはば「一日に一斗づゝの飯を食ひ、一日に千里の道を行《ク》やうなる事にて、人のあるべき限を過ぎたるしわざ」(同上)というべきもの、人間の真情を無視し、不可能を人々に強制する非人間的な規範であるとまで宣長は極言した。そして、ついに次のような儒教有害論を展開したのだった。

すべて彼国は、事毎にあまりこまかに心を着て、かにかくに論ひさだむる故に、なべて人の心さかしだち悪くなりて、中々に事をしゝこらかし（面倒にし）つゝ、いよ〳〵国は治まりがたくのみなりゆくめり、されば聖人の道は、国を治めんために作りて、かへりて国を乱すたねともなる物ぞ。（『直毘霊』）

あるいは、

そも〳〵天下よく治まりて、上も下もみだるゝ事なからんには、その他の教は何かはせん、皇国より見れば、かの漢国聖人の教は、無用のあまり物にて、此道入リ来リて後、返りて天下の治まりも、上代に及ばず、人の心もわろくなれるをもて見れば、その教は害こそおほけれ、益はさらにあることなし。（『葛花』）

まことに激しい儒教攻撃である。宣長がかくも歯に衣を着せることなく儒教を攻撃できたのは、すでにのべたように彼が古道に対しゆるぎない確信をいだくにいたったからだった。表面おだやかに道を学び、医を業とする地道な生活をおくっていた宣長の内面に、人間の真情を抑圧する偽りの権威に向けて、つねにこのようなきびしい闘志が燃えつづけていたのだった。

権力の争奪が人民統治の不可避な前提だったという中国古代社会に対する認識は、かえってますます『古事記』信仰へと宣長をみちびいた。そこには神々の意志にもとづく天皇統治の絶対性と、それがもつ倫理的な機能とが表裏一体化して、何ら教えを必要とすることなく、人間真情のままに、平和に楽しく生きている古代の人々の生活があった。人間本然の情を永遠に保証し、儒仏の教えがもつ虚偽性をただす道、これが宣長の古道論の現実社会において担う意義だったのである。

宣長のこの確信は、古道が現代を規制し、現代に古道が働き、現代を動かしているという確信にほかならない。しかも、宣長の確信は理念的、もしくは理論的確信というものではなく、古道という「事実」に対する信仰であり、それが彼の思想の特色だった。この特色は宣長が、神代と現代との連絡性を確認しているところに、最も明瞭にあらわれていた。

神代と現代

さきに、宣長の『古事記』研究の動機と態度について論じたとき、宣長が『古事記』研究の結果、そこで発見したのは、神代と現代の連続性だったとのべた。つまり、現代に神代が内在しているという「事実」を、宣長が発見したということだった。そして、いくつか宣長の連続観を示唆する箇所を指摘してきたが、宣長の神々の観念と古道思想を明らかにしたこの時点で、改めて、宣長がどのように神代と現代を結びつけたのかという問題を、多少これまでのべてきたこととと重複するが、簡単にまとめておきたい。

宣長の連続観は、彼が『古事記』で確認した次の三つの「事実」によって構成されている。

その一つは神代の「事実」が、事実＝遺跡として現在に存在している、したがって神代の「事実」は真実だという宣長の実証性をともなった確信である。これはきわめて単純な「実証」であるが、宣長にとって『古事記』の信憑性を具体的に提示するものとして、きわめて重要な「実証」だった。

『葛花』において宣長は、「かの聖人の道に虚誕として取あげぬ類の事のみ、神代には多きはいかに」という儒者の質問を設定し、この質問こそ虚誕だとして反論する。

天照大御神が皇孫ノ命に授けた鏡は「現に五十鈴ノ宮にましまし」、須佐之男命が大蛇からえた草薙《くさなぎ》の剣は、「熱田ノ宮にましますたぐひ」、この事実をどう考えるのか。これが宣長の反論の第一点である。

次に、そのほか神代の遺跡は全国各地に存在し、神武天皇以来代々の天皇の山陵も、「畿内の国々に現存」しているではないか、それをなぜ疑うのかという反論である。

第三に「朝廷には神代の遺事もこれかれのこり、又中臣忌部大伴《なかとみいんべおおとも》などの氏々は、神代の職を相伝へて、後々までも連綿せるなど、皆その古事の実なりける明証なり」というように、皇室、臣下の家々に伝わる神代以来の生活行事、生業が現存しているという指摘である。

これら三つの遺跡の存在を「実証」した後、宣長はこう結んでいた。「かくの如く諸国におほかる遺跡遺事、又諸家の系牒などまでも、俄に造り設けらるゝ物にはあらぬをや、かの漢国などの名家の子孫も、国郡の制も何も、あとかたなく代々にかはりゆく、薄悪の例とは、年を同じくしてもいひがたき物なり」。

その二は、神代の「妙理」が現代に実在し、それが働いているという宣長の確信である。「凡て此世中の事は、春秋のゆきかはり、雨ふり風ふくたぐひ、又国のうへ人のうへの吉凶《よしあし》き万の事、みなことごとに神の御所為なり」(『直毘霊』)。これは最も明確な彼の確信の表明だろう。

さらに宣長は、この「妙理」を信ずれば、儒教の流布した常識が、いかに空虚なものであるかを、誰の目にも明らかな(と宣長が信じている)神々の働きを例に、証明しようとする。

さて天道移《ヘ》レ善殃《わざわいス》レ淫といへる、此心ばへは一文不知の児童といへ共、よくわきまへ知れる事にて、まことに然あるべき道理也、然れ共此語は、理にはよくあたれ共、事の跡につきていふときはあたらず、世には悪神のある故に、返て善にも殃し、淫にも移すること、古今にあげてかぞへがたし。(『葛花』)

善き人が必ずしも幸福な人生をおくれないという事実は、誰もがみたり聞いたりしている世間普通のことである。この普通のことが否定されないかぎり、神々の所為の実在性は疑いえないのだと宣長はいう。「そも〳〵此善悪たがひに相根ざす理は、神代の黄泉《よみ》の段より始めて、今の代にいたる迄、和漢の変化の事跡に就て、委曲に考へ見よ、妙にこと〴〵く此理にあたれり」(同上)。この一文は、まさに神代から現代にいたるまで一貫して働きつづける「妙理」の存立を、宣長が簡明に表現した適切な論証だろう。

歴史と「妙理」　現代と「妙理」

神代の「妙理」を原動力とみる宣長の歴史観も、この「事実」の有力な例証である。それぞれの時代の言語と意識を、歴史的、個性的に把握せよという宣長の文献学的方法にみられる彼の歴史意識とあいまって、この歴史観は、それぞれの時代を神代に結びつけ、それぞれの時代を肯定してゆく宣長の歴史認識の枠組を形成するものでもあった。

さて時代のおしうつるにしたがひて……世の中の有さまも人の心もかはりゆくは、自然の勢なりといふは、普通の論なれども、これみな神の御所為にして、実は自然の事にあらず、さてさやうに世中のありさまのうつりゆくも、皆神の御所為なるからは、人力の及ばざるところなれば、其中によろしからぬ事のあればとても、俄に改め直すことのなりがたきすぢも多し。（『玉くしげ』）

今や宣長の古道論に基礎づけられ、神代を現代に内在させる宣長のこの歴史観は、かつての王朝貴族の時代という限界をこえ、ひろくいつの時代にも、真情に生きる人々、心情の倫理を、儒仏の規範に対抗できる価値として基礎づける重要な思想となった。

そのほか、宣長は歴史観を媒介とすることなく、もっと端的に、気がつけば誰の目にも明らかだという現代における「妙理」の作用を指摘する。

神代の事の奇異《あやし》きは、人の代の事と同じからざる故に、あやしみ疑ふなれ共、実は人の代の事も、しなこそかはれみな奇異きを、それは今の現《うつつ》に、見なれ聞なれて、常に其中に居る故に、奇異きことをおぼえざる也。（『葛花』）

そして、現代における非合理な「妙理」の作用の典型的な一例として人間の誕生をあげ、『玉勝間』（五の巻）でそれを説明しようとしたのである。少し長いが全文を引用しておこう。

たとへば、今此人といふ物を一人、作りいでんとせむに、いかにかしこくさとり深く、たくみなる人の、いかに心をくだきて、例の陰陽和合のことはりをきはめ、こゝらの年月をいたづきて（苦労して）、作りなさんとすとも、かく活きはたらくまことの人をば、つくりうることあたはじを、……たゞかのをとこ女の閨《ねや》の内のみそかわざによりては、心をもいれず、小刀一つだにつかはず、何の労《いたつき》もなくて、成出るぞかし、さるはそのねやのうちのしわざよ、なんのかしこくうるはしく、理りふかげなることかはある、そのありさまは、ほにいだして（本にかいて）まねぶべくもあらず、いとも／＼ひとわろくめゝしく、童べのはたぶれにもおとりて、はかなくおろかなるしわざなれども、これによりてこそ、人のたくみにてはえ作らぬ、まことの人の、さばかりたやすく成出るなれ、神の御しわざは、よにはかりがたく、あやしくたへなる物ならずや。

これが神代と現代の連続性を実証する「妙理」の現存についての宣長の証言である。

三つめは、神代から現代にいたる天皇統治の連続性と、天照大御神が太陽として厳存しているという宣長の信仰である。これらについては、しばしばのべたので詳述する必要はない。二つだけ宣長の言葉を引いておく。

「神代の神は、今こそ目に見え給はね、その代には目に見えたる物也、其中に天照大御神などは、今の諸人の目に見え給ふ、又今も神代も目に見えぬ神もあれ共、それもおの〳〵その所為《しわざ》ありて、人に触る故に、それと知事也」（『葛花』）。これは天照大御神に関するもの。次は天皇統治に関するものである。

（漢国は）国内の万の事も、たゞかはりにかはりて、古の形は一つも遺らずなりたるを、皇国は大に然らずして、かの神勅の如く、天壌と無窮に天津日嗣の伝はり給ひて、そのあひだに、禍つ日神のあらびはをり〳〵あれ共、猶天皇は天皇にて、厳然とまします、此大本を始めとして、万の事さはいへどあやしきまで古の規《のり》の絶えはてずして、今にのこれるは、恐らく天地の間に、たゞ此皇御国のみならんとぞ思ふ。（同上）

この三つの「事実」は、『古事記』を唯一つの根拠として、宣長が現代と神代が連続すること、現代に神代が内在していることを証明する大切な証拠だっただけでなく、宣長は神代と現代の連続性を証明することによって、現在に生きる人々の真情を、現代のなかの神代に結びつくものとして権威づけ、彼らが儒教的な道徳規範をはばからず、生きることのできる価値的根拠として、それを明示したのだった。

真淵批判

宣長の現代のなかに神代をみるというこの世界観は、ひらたくいえば、現状を神の所為として肯定する考え方である。それは古代のみを理想とする復古主義とは逆に、歴史のあらゆる時代に、神代と直結した価値を認める思想であり、国学者のなかでも独自なものである。宣長が、華美な現実を否定し、古代を理想と仰いで復古を志す真淵の思想を批判したのはこの観点からだった。

『玉勝間』(二の巻)で、「されば道とき給へることも、こまやかなることとしなければ、大むねもさだかにはあらはれず、たゞ事のついでなどに、はし〴〵いさゝかづゝのたまへるのみ也、又からごゝろを去られることも、なほ清くはさりあへ給はで、おのづから猶その意におつることも、まれ〴〵にはのこれるなり」と宣長は真淵を批判している。これは、真淵がもつ古代素朴の自然状態をそのまゝ理念化する老荘風の自然主義思想を、「からごゝろ」とみての批判だった。

宣長は老荘の自然主義を批判して、それは真の自然ではなく、「実は儒よりも甚しく誣《しい》たる物に候也」(『鈴屋答問録』)という。真の自然というのは、儒が行われようが、古の自然素朴な状態が失われようが、「成行まゝに任せて有べきこと」だ。いいかえれば現状の流れをそのまま受けいれるべきものである。しかるに、現状の流れを否定して古代の自然状態のみを理想とし、そこへ復帰せよという老荘の徒は、「返りて自然にそむける強ごとに候也」。これが宣長の老荘観であるが、真淵の古代主義も現状否定を意味する思想で、老荘の「からごゝろ」だと宣長は考えたのである。

宣長の古道論は現実肯定、より正確にいえば現状肯定論だった。その古道論が、神代の「妙理」と天皇統治という二つの「事実」を、人々の営みを規定する絶対条件として設定したかぎり、その枠組のなかでの人間の歴史的な営みは、すべて相対的なものとなる。したがって、ここでは相対的な意味において、儒も仏も肯定されることになる。「儒を以て治めざれば治まりがたきことあらば、儒を以て治むべく、仏にあらではかなはぬことあらば、仏を以て治むべし。是皆其時の神道なればなり」(『鈴屋答問録』)。いいかえれば、儒も仏も神代の「妙理」の働きだというのである。宣長の現状肯定は、その意味で歴史的な相対主義だったといわねばならない。『鈴屋答問録』における質疑が、門人との間にかわされていた安永七、八年(一七七八、九)、四九歳から五〇歳頃の宣長の人生観は、「世中は、何ごとも皆神のしわざに候、是第一の安心に候」(同上)といい切るほどの境地に達していた。この安心感が、前にみたような老後の宣長を襲った家庭の不幸に打ち勝つ心の支えになっただろうことは、想像されよう。

宣長の古道論は、使いようによって、たしかに時の権力による現状肯定のイデオロギーとして機能しうるものだった。しかし、宣長における現状肯定が真に意味するところは、それぞれの時代に生きる人々の神代さながらの主情性の肯定であり、権力が喜んで使用できるイデオロギーとは必ずしもいえないものである。近世後期、とくに田沼時代の都市生活に顕著にみられた人間の感情解放的な雰囲気を肯定し、それを否とする幕府公認の社会思想である儒教思想に向かって、現状を放任せよというのが、その現状肯定の真意にほかならなかったのである。

では、宣長が真に肯定しようとした人間とはどんな人間だったのか。神代さながらの真情を近世という歴史的な装いでつつみながら、「穏ひに楽しく」生きる人間の具体的な姿は、どのようなものだったのか。

古道と真心

真心の復権

宣長の古道論は一切の道徳的権威を、天皇統治がもつ倫理的機能に吸収し、それまで人間の情緒性を拘束してきた儒教的道徳規範から人間心情を解放した。主情主義的人間観はかくして古道論に底礎されつつ、宣長の生きる現実の近世社会に根をおろしたのだった。主情的人間とは、生まれながらの真情に従って生きる人間であり、宣長はこの真情を、現実社会に生きる人間にあっては、「真心《まごころ》」と呼んでいた。

「そも〳〵道は、もと学問をして知ることにはあらず、生れながらの真心なるぞ、道には有ける、真心とは、よくもあしくも、うまれつきたるまゝの心をいふ」（『玉勝間』一の巻）。ここでいう道は古道のことではない。古道によって保証された人間の生き方をいう。

だから、古道が忘れられ、人々の心に漢意がしみこむと、人間の本来的な生き方が見失われ、現在では、「学問（古道を学ぶ）せざれば道をしらざるにこそあれ」（同上）と彼は嘆くのである。

事しあらば嬉し悲しと時々に動く心ぞ人のまごゝろ
動くこそ人の真心動かずといひてほこらふ（誇る）人は石木《いわき》か

真心をつゝみかくしてかざらひて偽するは漢《から》のならはし
（『玉鉾百首』）

しかし、儒教規範から解放されることによって、真心に従って生きることができるようになった人間は、果たして、本能的なほしいままな生き方を許されていたのだろうか。それは否である。宣長によれば真心は、自然が人間に与えたものではなく、「産巣日神の御霊によりて、備へ持て生れつるまゝの心」（『葛花』）である。

それゆえ、真心はそれ自身のうちに神によって与えられた自律的な道徳をもつものとされていた。人間が人間であるかぎり、教えをまつことなく、生まれながらにして道徳的な存在だというのが、宣長の古道論から生まれた人間観だった。『直毘霊』でもこういっている。

産霊の神によってつくられた一切の生物は、鳥や虫にいたるまで、「己が身のほど〳〵に、必ずあるべきかぎりのわざ」は「よく知てなすもの」だ。なかでも人間は、「殊にすぐれたる物とうまれつれば」、「知べきかぎりはしり、すべきかぎりはする物」であるのはいうまでもない。だから、どうしてそれ以上の道徳を、外からおしつける必要があろうか。「教によらずては、えしらずえせぬものといはゞ、人は鳥虫におとれりとやせん」。いわゆる仁、義、礼、譲、孝、悌、忠、信の徳目など、「皆人の必ずあるべきわざ」だから、人間は「おのづから知りてなす」ものだ。決してやかましく外からいうにあたらない。

しかるに、もともと治めがたい国を、無理に治めようとして作られた聖人の道は、人が当然知って行うべき道徳を、「人の必ず有べきかぎりを過て、なほきびしく教へたてむとせる強事」で、本来の人間の生きる道からはずれたものである。宣長が「生まれながらの真心なるぞ、道には有ける」といったのは、このような真心に対する宣長の信頼があったからである。だから、真心に対する信頼をもたない漢国などで、人々がよき行いをすれば、それを直ちに聖人の教えの功に帰するのは、彼の国の人々が「みな人々おのづから備へて、生れつきたるものなることをしらずして」いうことであり、「例のいと愚也」(『葛花』)と宣長に非難されるのだった。

人欲の肯定

この真心に、たとえば朱子学などが、「天理」と対立させ、諸悪の根源のようにいい、ともすれば滅却させせようとした「人欲」さえふくまれているのは勿論である。このことはまえに引用したように、宣長が儒者を揶揄して、「人欲も即ち天理ならずや」(『直毘霊』)といったことからも、明らかだろう。

生まれつきの真心には、当然、人間の欲望が備わっているものだというのが、宣長の人間観である。それゆえ、この欲望を否定する教えは、人間の道徳として偽りといわざるをえない。宣長は『玉勝間』のあちこちで、この論を展開する。

たとえば、「富貴をねがはざるをよき事にする論ひ」(『玉勝間』三の巻)で、「世々の儒者、身のまづしく賤きをうれへず、とみ栄えをねがはず、よろこばざるをよき事にすれども、そはまことの情《こころ》にあらず、おほくは名をむさぼる、例のいつはり也」という。宣長は道理に反した行為をして富貴になろうとするのは間違いだが、自分の仕事を一心に務め、その結果「なりのぼり、富さかえむこそ、父母にも先祖にも、孝行」で道にかなったこと、真心に従ったことだと考え、富貴を願う欲望を善とみて肯定したのである。

また、『玉勝間』（四の巻）の「うはべをつくる世のならひ」は、真心のままに生きる人間のきわめて具体的な近世的な姿をえがいたもので、明らかに偽善的、虚栄的な形式主義におちいった儒教的な社会倫理に、一矢を放つものだった。

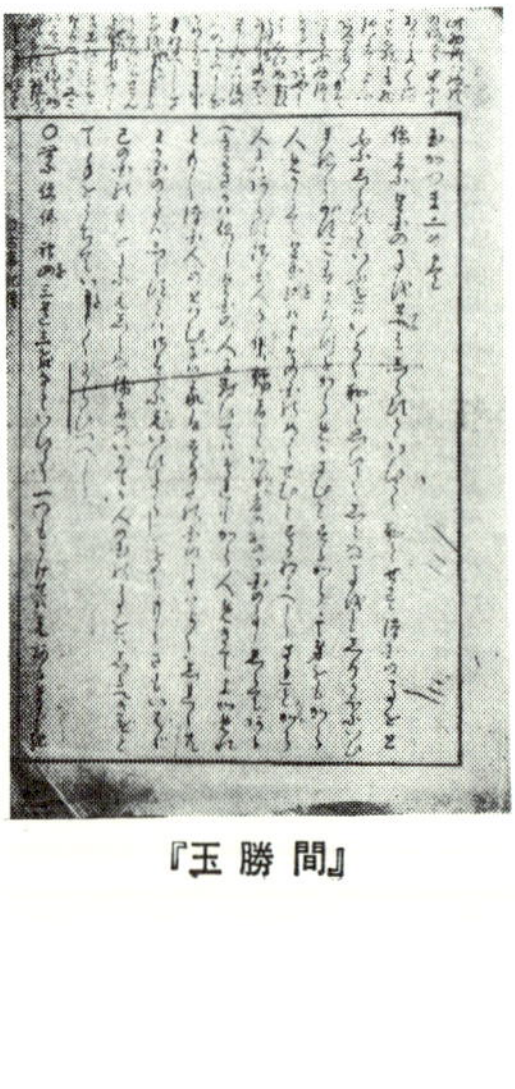
『玉勝間』

うまきもの物くはまほしく、よききぬきまほしく、よき家にすまゝほしく、たからえまほしく、人にたふとまれほしく、いのちながゝらまほしくするは、みな人の真心也、然るにこれらを皆よからぬ事にし、ねがはざるをいみじきことにして、すべてほしからず、ねがはぬかほするものゝ、よにおほかるは、例のうるさきいつはりなり、又よに先生などあふがるゝ物しり人、あるは上人などたふとまるゝほうしなど、月花を見ては、あはれとめづるかほすれども、よき女を見ては、めにもかゝらぬかほして過るは、まことに然るや、もし月花をあはれと見る情《こころ》しあらば、ましてよき女には、などかめのうつらざらむ、月花はあはれ也、女の色はめにもとまらずといはんは、人とあらんものゝ心にあらず、いみじきいつはりにこそ有けれ。

あるいは、こうもいう。「高きみじかき、ほど〳〵にのぞみねがふことのつきせぬぞ、世の人の真情《まごころ》にて、今はたりぬとおぼゆるよはなきものなるを、世には足ことしれるさまにいひて、さるかほする人の多かるは、例のからやうのつくりことにこそはあれ」（同上一一の巻）。「金銀ほしからずといふは、例の漢やうの偽にぞ有ける、学問する人など、好書《よきふみ》をせちに得まほしがる物から、金銀はほしからぬかほするにて、そのいつはりはあらはなるをや」（同上一二の巻）。

平凡な市民

宣長はかつては歌の道にあずからないとして人情と区別し、「物のあはれ」を知る心から排除しようとしていた人欲も、古道の探求を深めるとともに、人情と同じ人間の真心として把握するようになった。

宣長はこのように欲望も真心として積極的に認め、他人を傷つけないで欲望を達成すること、誰もが欲するものを素直に欲しいと思うことは、むしろ人間真情の表現として、それに積極的、倫理的な意味を与えていた。宣長はかつて王朝の貴族社会の枠のなかでのみ、儒仏に対抗できる倫理規範だとしていた心情のモラルを、今や近世風にアレンジしながら現実の日常的世界において主張し、さまざまな生活領域にまで拡大したのだった。

この人間の真情が、神代が現代に内在するとみる古道論に基礎づけられ、初めて、儒仏に対抗できる権威を獲得したことは、もはやくりかえしいう必要はなかろう。そこには神によってつくられた人間に対する宣長の無限の信頼がこめられていたのである。

このように、『古事記』の「事実」を人事をみる規範として、宣長が現実への関心を深める過程で形成されたのが心情の倫理であり、この倫理に従って生きる人々は、宣長の古道論の確立以後、それに裏づけられ、和歌、文学の世界、王朝貴族の世界からぬけ出して、起居日常の近世社会のなかに、その本来の足場を定めたのだった。近世における真情に生きる人々とは、宣長が『玉勝間』のあちこちで儒教の虚偽性を批判しながらのべたように、日常的人倫の世界において、素直に人情にさからはず、非望をいだかず、ほどほどにその欲望の充足を楽しむ平凡な封建都市の市民にほかならなかった。

彼らは平凡ではあるが、「すべて喜ぶべき事をも、さのみ喜ばず、哀しむべきことをも、さのみ哀しまず驚くべき事にも驚かず、とかく物に動ぜぬを、よき事にして尚ぶは、みな異国風の虚偽《いつわりかざり》にて、人の実情にはあらず」（『玉くしげ』）とされる道学的な人間とは正反対に、自由な新しい人間性の可能性を約束された人たちだったのである。宣長の古道論が、現実に果たした役割は、このような平凡な市民の生き方に新しい価値を附与したところにあったといってよい。

しかし、宣長によって意義づけられた真情的な人間の別の一面にみられる特色は、どこまでも自分が置かれている現状を神の所為として肯定し、受動的な態度で生きる人間、歴史の流れがいかに激しくとも、それに逆らわず、これに順応してゆく人間であり、どうころんでも歴史を創造する主体となりえない点にある。彼らは天皇統治の絶対性のもつ倫理的機能が、人間の真情を保証してくれるという条件のもとにおいてのみ、儒仏の規範に抑圧されていた人間の主情性を解放することができる人間だった。したがって、彼らは歴史創造の主体たりえないだけでなく、政治主体たりえない人間でもあった。

政治への視点

だが、この人間が永遠に受動的な姿勢で封建の世を生きつづけたとしても、それは宣長の古道論が担った人間の主情性解放という歴史的意義を否定することにはならないだろう。なぜなら、武士的な価値意識や儒教的道徳意識が、社会道徳として正当性を主張していた近世封建社会の思想情況において、生まれたままの真情、「女々しくはかない」人間本然の人情、あるいは日常的な欲望、さらには和歌、文学的な美的価値の政治、道徳からの自立性を、伝統的な権威に対抗して、積極的に価値づける論理は、宣長の古道的な主張以外に存在しなかったと考えざるをえないからである。

このようにみてくれば、宣長が最も精力を集中して説いた天皇統治の絶対性、神代の「妙理」

も、後の天皇制イデオロギーのように、国民統合を目的としたものではなく、またしばしば誤解されるように徳川幕藩体制の補強という政治機能を期待した思想でもなく、いわんや王政復古を意図した思想でなかったことは明らかである。

宣長のとく天皇統治の絶対性も、神代の「妙理」も、このような生ぐさい政治性において、その意義があったのではなく、人間真情の保証という神代以来の「事実」とかかわりあってこそ、その思想史的意義がみとめられるべきものだったのである。

「道をおこなふことは、君とある人のつとめ也、物まなぶ者のわざにはあらず、もの学ぶ者は、道を考へ尋ぬるぞつとめなりける」（『玉勝間』二の巻）という非政治的な自覚に立ち、非政治的な生き方の根拠を『古事記』のなかに探求したのが、宣長だった。

しかし、元来、政治と道徳が不可分に結合していることを基本的性格とする封建時代の政治観にあっては、宣長の古道思想も例外ではありえなかった。新しい人間像、新しい道徳の創造にもとづく倫理的価値観の変化は、不可避的にそれに対応する政治観をつくりだす。宣長は自らは非政治的な人生を楽しみつつも、その現実社会への関心を広め、天災、人災こもごもいたる現実への認識が深まってゆくとともに、政治に対しても無関心でおれなくなった。こうした宣長の政治への接近は、思想の次元でも彼のえがく人間像に見合った政治思想を形成したのである。

V

古道と政治

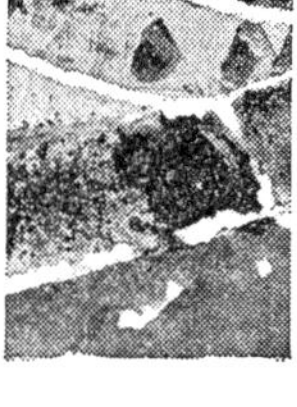

本居宣長の政治思想

『秘本玉くしげ』と『玉くしげ』　宣長が初めて現実の政治に対し、公的な意味において、批判的な意見を開陳したのは、天明七年（一七八七）、五八歳のとき、紀州藩主徳川治貞《はるさだ》に提出した、『秘本玉くしげ』（『本居宣長全集』）においてである。このとき宣長は別冊として、『玉くしげ』をそえていた。『直毘霊』で古道論を発表してから、ちょうど十年めであり、古道論を積極的に現実政治の場にもち出したのも、これが最初だった。

天明年間は宣長の日記でも明らかなように、全国的な連年の凶作、飢饉により、東北を中心に農村では餓死者が続出し、都市の民衆は連日の物価高で生活を圧迫され、一揆、打ちこわしも瀕発し、険悪な社会情勢は、権力者にとって大きな脅威だった。藩主治貞はこの現状を打開する一助にもと、治道、経世に関する意見を広く領内の識者に求めたのである。宣長も紀州の勘定方役人のすすめで、政治意見を差し出したのだった。

藩政を批判し、その対策をのべた『秘本玉くしげ』は、天明七年に執筆され、提出当時、宣長自身はこれを『玉くしげ』と称していたが、彼が生前その公表をはばかっていたので秘本といわれたものだった。

また、別冊として提出された『玉くしげ』は、当時『玉くしげ別巻』といわれ、政策論的な色彩が濃厚だった『秘本玉くしげ』に対し、いわば古道論に基礎づけられた政治原論ともいうべきもので、宣長は『秘本玉くしげ』で、この『玉くしげ』をさして、政治の「大本のわけ」を説いたものだと記しているが、かかれたのは『秘本玉くしげ』より一年以前と推定されている。(『本居宣長全集』第八巻解題)

しかし、宣長の政治原論に関する個人的な発言は、この『玉くしげ別巻』が最初ではなかった。横井千秋の求めに応じ、古道をもって君に仕える心構えを諭した『臣道』は、天明五年(一七八五)に執筆されたものと推測され(同上)、『玉くしげ別巻』より、さらに一年まえのものである。『玉くしげ別巻』は、この『臣道』に対して、君の立場から古道をもって民を治める道を説いたものだといってよい。

ここでは、この『秘本玉くしげ』、『玉くしげ別巻』および『臣道』などを中心に、必要なかぎり他の著作をも引きながら、宣長の政治思想を考察するつもりだが、はじめに宣長の政治思想の特色について、一言しておきたい。

宣長の政治思想はいずれも彼の古道論確立後に発言され、その特色は古道論によって基礎づけられた真情的な人間観が、その根柢に置かれているところにあろう。宣長の真情的な人間観は、若き

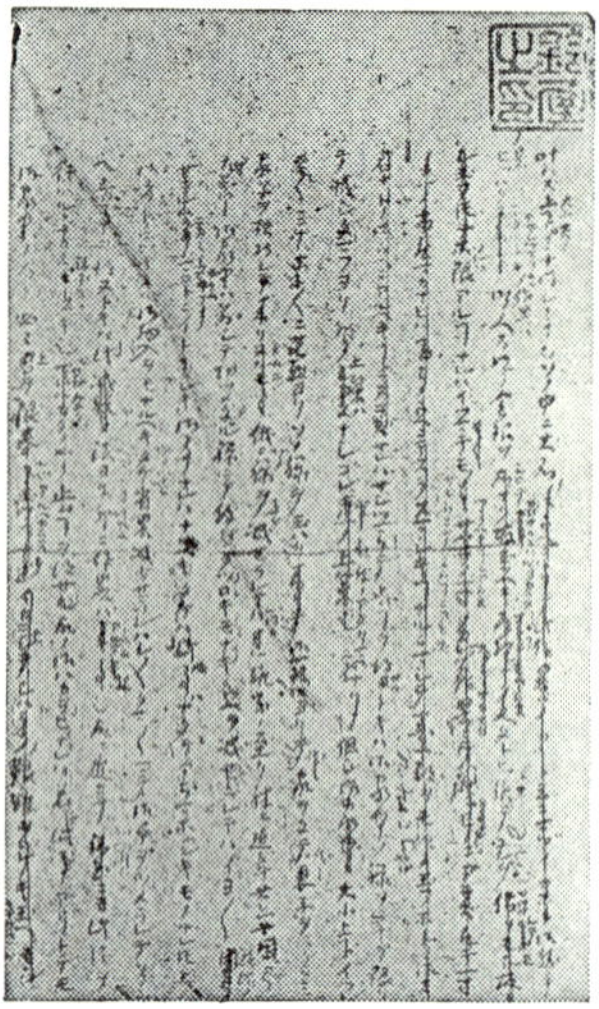
『秘本玉くしげ』草稿

日の京都における「私有自楽」にはじまり、古道論確立の後にみられた平凡な、しかし、自己のささやかな欲望の充足を楽しもうとする被治者、つまり一市民にみられるものだった。宣長はそれを産霊の神によって産みだされ、生まれながらの真心をもった人間だという。

宣長の政治思想は、封建為政者に向かって、この人間観から発せられた発言である。宣長は、私的、非政治的な人々の真情を大切に、その生活を守り、彼らの生活を破壊しないことを治者たちに要求したのである。

宣長にとって、治者はその政治を古の道に従って行うものであることが望ましかった。道とは、「上に行ひ給ひて、下へは上より敷施し給ふものにこそあれ、下たる者の、私に定めおこなふものにはあらず」(『初山踏』)といわれ、さらにその道は、本質的には、「道は天皇の天下を治めさせ給ふ、正大公共の道」(同上)でなければならないと確信されていた。したがって、「上に行ひ給ひて」という「上」が、絶対的な意味においては、天皇以外にないと宣長が考えていたとすれば、将軍や大名も、絶対的には、道を「私に定めおこなふものにはあらず」とされる「下」にあたり、被治者にとって、相対的な意味において「上」たる存在だった。だから、天皇に対して「下」たる将軍や大名が、天皇の天下を治める道を無視して、ほしいままに道を行ってならないことは、いうまでもないことだった。権力者の私によって、私的な生活を楽しむ被治者の生活を左右することは許されないというのが、宣長の古道論的な政治思想の基本的な姿勢である。この姿勢は、天皇統治は人々の私的生活と真情を確保し、保証する政治だという天皇の政治への宣長の信仰に根差すものだったのである。

このように被治者の世界が、権力者の恣意によって支配されることを拒否する宣長は、将軍や大名の統治が許される根拠を、次のように考え、初めて納得できたのであろう。

御任の政治

「今の御代と申すは、まづ天照大御神の御はからひ、朝廷の御任《みよさし》によりて、東照神《あずまてるかん》御祖命《みおやのみこと》（徳川家康）より御つぎ〳〵、大将軍家の天下の御政をば、敷行はせ給ふ御世にして、その御政を、又一国一郡と分けて、御大名たち各これを預り行ひたまふ御事」（『玉くしげ』）、いいかえれば徳川幕藩体制は、天照大御神の意志で、天皇が将軍にその政治を委託し、諸大名はその将軍の政治を分担して民を治める政治体制だというのである。

だから、将軍や大名の政治は私の政治であってはならないのはいうまでもなく、為政者は、「其御領内〳〵の民も、全く私の民にはあらず、国も私の国にはあらず、天下の民は、みな当時これを、東照神御祖命御代々の大将軍家へ、天照大御神の預けさせ給へる御民なり、国も又天照大御神の預けさせたまへる御国なり」（同上）という「事実」を忘れてはならない。

このような政治体制における大名の心構えは、代々の将軍の掟は、実は天照大御神の掟であるから、「殊に大切に思召て」、これに背いてはならないこと、「又其国々の政事は、天照大御神より、次第に預りたまへる国政なれば、随分大切に執行ひ給ふべ」きこと、「民は天照大御神より、預かり奉れる御民ぞといふことを、忘れたまはずして、これ又殊に大切におぼしめして、はぐくみ撫給ふべき事」などである。これらはすべて「御大名の肝要なれば、下々の事行ふ人々にも、此旨をよく示しおき給ひて心得違《たが》へなきやうに、常々御心を付らるべき御事なり」(同上)と宣長は紀州藩主に、幕藩体制の政治原理を説くのである。

このように宣長は藩主に対し、現実の幕藩体制が、天皇から将軍へ、将軍から諸大名へと委託された政治体制であり、したがって、この政治体制の理想的な在り方は、将軍や大名が、自分たちは、天照大御神から天皇に伝えられた天皇統治の代行者だという自覚を忘れないことにあると、はっきり、その意見を具申したのだった。

将軍、大名に天照大御神の政治的代行者としての自覚をもてという宣長の要求は、また彼らに天照大御神の心を心として政治せよという表現でも語られる。「そもそも今の世のかくまでめでたく治まりぬることは、もはら東照神御祖命の、天照大御神の大御心を御心として、御孫尊天皇《すべらぎ》の大朝廷《おほみかど》の中ころの御衰へをもて直しまつり、いや栄えに栄えまさしめ、いやたふとみゐやまつり給ひて、天下を鎮めたまへる御いさをの、まことの道にかなひ給ひて、天地の神あひうづなひましま故也」（『臣道』）と徳川家康の事業を賛えているのが、それである。家康はこのように天照大御神の心を心として政治したがゆえに、賛えられるべき存在だった。

将軍、大名など封建為政者たちが、こうした自覚をもつとき、幕府や諸藩の政治は、彼らの私的権力政治ではなく、天皇の「正大公共の道」の実践となる。これが宣長の幕藩権力者への期待である。

宣長の政治観

幕藩体制の政治理念を、このように天照大御神の意志によって基礎づけようとする宣長の政治思想は、さきにもいったように、しばしば封建体制という現状の肯定、あるいは補強という政治イデオロギー的な機能をもつと指摘されている。そのとき『玉鉾百首』の

　かもかくも時の令《おきて》にそむかぬぞ、神のまことの道にはありける
　今の世は今の御法《みのり》をかしこみて、けしき行おこなふな夢

という和歌が引用されることが多い。

しかし、被治者の私的生活と真情を守り、権力者が被治者の生活を破壊することを何よりも拒否する宣長の政治思想が、果たして封建体制の補強のイデオロギーだといえるだろうか。さらに宣長の政策内容に立ち入るならば、むしろ為政者たる武士階級の利害を守る立場から実施される政策や

改革の強行には、反対する意見が多く、封建補強を武家体制の擁護だと考えるならば、その政治思想を封建補強のイデオロギー的役割を果たすものと理解するのは、困難だといわねばならない。このことは、以下の論述が明らかにするはずである。

宣長の政治思想を理解するには、まず、彼が封建為政者に、天照大御神の心を心とせよとのべていることの意味内容に注意しなければならない。この宣長の発言は「まことの道に志あらん人は、神代の次第よく〳〵工夫して、何事もその跡を尋ねて、物の道理をば知べきなり」(『玉くしげ』)という言葉と無関係ではない。だとすれば、宣長の意図する天照大御神の心を心とする政治とは、原則的には、古代の天皇統治そのものに範を仰げということになる。

> まず上古に、天皇の天下を治めさせ給ひし御行ひかたは、古語にも、神随《かむながら》天下しろしめすと申して、たゞ天照大御神の大御心を大御心として、万事、神代に定まれる跡のまゝに行はせ給ひ、其中に、御心にて定めがたき事もある時は、御卜《みうら》を以て、神の御心を問《とい》うかがひて行はせ給ひ、惣じて何事にも大かた御自分の御かしこだての御料簡をば用ひたまはざりし、これまことの道の、正しき御行ひかたなり。(同上)

「まことの道」の行い方とは、天皇が「御自分の御かしこだての御料簡」を、政治に用いないこと、天皇でさえ、政治に私意をさしはさまないということである。上古のよき治世は、このような天皇統治の結果だった。宣長の古代天皇の政治観は、ほぼこの一言につきている。

この天皇統治のもとで、人々はどうだったのか。

臣下たちも下万民も、一同に心直く正しかりしかば、皆天皇の御心を心として、たゞひたすらに、朝廷を恐れつゝしみ、上の御掟のまゝに従ひ守りて、少しも面々のかしこだての料簡をば立てざりし故に、上と下とよく和合して天下はめでたく治まりしなり。(同上)

この古代の天皇統治に範を仰げば、現実の封建為政者も「心のかぎりをつくして、天照大御神の大御心」にかなう政治を行うべきである。「大御神は、よく治めよとてこそはつぎ〳〵によさしあづけ給ひけめ、天の下の人草一人も大御神の大みたからにあらざるはなければ」(同上)、あだやおろそかに人民に接してはならない。これこそが為政者の最も心すべき政治の道だというのが、宣長の大名への戒めだった。

天照大御神の政治

ところで、天照大御神の政治とは、具体的にはどのような政治なのか。それは人間の真情を矯《た》めたり、曲《ゆが》めたりすることなく、人々が、「ひたぶるに大命をかしこみゐやびまつろひて、大ほうつくしみの御蔭にかくろひて、おのも〳〵祖神を斎祭《いつきまつり》つゝ、ほど〳〵にあるべきかぎりのわざをして、穏《おだひ》しく楽しく世をわたらふ」(『直毘霊』) ことができる生活を保証する政治にほかならない。

この政治は、いいかえれば神代の「妙理」に逆らって、自分の意のままに被治者を支配することのない政治である。為政者は、何よりも悪神の荒びは天照大御神、高御産巣日大神の意志でさえ抑えられないものであることを忘れてはならない。宣長にとって、天照大御神の政治とは、善悪ともに神々の意に反して人為を押しつけることを認めない政治だといってもよい。宣長のこうした政治観は、世の中のことはすべて神の所為だという彼の世界観を無視しては成り立ちえない。だが、ここから天照大御神の政治の大きな特色として、現状をできるだけ肯定し、急激な改革を喜ばない政治的態度があげられる。

「世の中のありさまは、万事みな善悪の神の御所為なれば、よくなるもあしくなるも、極意のところは、人力の及ぶことに非ず、神の御はからひのごとくにならでは、なりゆかぬ物」(『玉くしげ』)、為政者は「此根本のところをよく心得居給ひて」、多少国の為には悪くても、今までの仕来りは、「俄にこれを除き改めん」としてはならない。「改めがたきを、強て急に直さんとすれば、神の御所為に逆ひて、返て為損ずる物」、世の中は善と悪が交り合って調和を保っている、これが「神代の深き道理」だということを考え、為政者は善ばかりの世に改めようとするのは誤りだということを知らねばならぬ。これが天照大御神の政治を現実の場で具体化する宣長の方策にほかならなかった。

たとえその動機が善かれと思うものであっても、性急な改革それ自体を悪だとみる宣長の考え方は、人間の真情を保守しようとする古代の政治の原則にかなったものであるとともに、産霊神によってつくられた人間の真情に合致する、まさに古道にもとづく政治観だった。そして、この政治観は次のような意味で、主情主義的政治観の代表的なものでもあったのである。

物体世の中の事はいかほどかしこくても、人の智慧《ちえ》工夫には及びがたき所のある物なれば、たやすく新法を行ふべきにあらず。……何事も久しく馴来りたる事は、少々あしき所ありても、世人の安んずるもの也、新に始むる事は、よき所有ても、まづは人の安んぜざる物なれば、なるべきだけは旧きによりて、改めざるが国政の肝要也。これ即まことの道にかなへる子細あり。(『秘本玉くしげ』)

新奇なものに容易になじまない人間の自然的な保守感情の尊重が、この政治思想の前提になっていたのだった。

このような天照大御神の政治に反するのが、唐国の政治だと宣長はいう。唐国の政治は私智の政治であり、私の功名を誇る政治である。そのため「さきの人の定めおきつる事をばわろしといひては、つぎ〳〵に改め〳〵するほどに、中々に(かえって)国人のくるしみとなりて、よきこと出来がたく、つひに国のみだれとなりつゝ、古より今に至るまで、よく定まりて久しく治まれる代はなき」(『臣道』)という有様である。

宣長が天照大御神の心を心とせよと為政者に説くとき、それが意味するところは、かかる唐国流の政治をさけよということであり、具体的、現実的には領主的、武士的利害に偏した政策、なかでも改革の実施を阻止しようということだった。『秘本玉くしげ』で、宣長が声を大にして説いたところも、すでにのべたように、治者は人間の能力が有限であることを自覚し、人々が慣れ親しんでいる生活を破壊するような急激な改革をさけよというにあり、武士的立場の優先に歯止めをかけることだったのである。

幽事と顕事

では、宣長は為政者に無為を要求したのか。そうではない。宣長によれば、神代には天照大御神と高皇《たかみ》産霊神《むすびのかみ》の命令で、一つの「御約束の事」があり、その約束に従って、大国主命は幽事《かみごと》を、皇孫尊は「世ノ中の顕事《あらはにごと》」を管掌することになっている。この「事実」は「万世不易の御定」である。

幽事とは「天下の治乱吉凶、人の禍福など其外にも、すべて何者のすることと、あらはにはしれずして、冥《みやう》に神のなしたまふ御所為」であり、顕事とは、「世人の行ふ事業にして、いはゆる人事」であり、皇孫尊の顕事とは政治にほかならなかった。

宣長が世の中のことは、すべて神の所為というとき、それは幽事をさしているのであるが、だからといって「御約事」がある以上、顕事、つまり政治は無為でよいということにはならない。顕事における神と治者の関係を、宣長は人形づかいと人形の比喩を用いて次のように説明する。

神は人であり人形づかいである。人間（治者）はこれに使われる人形である。顕事はその人形が首、手足を動かして働くようなものだ。人形が働くのは勿論人形づかいによるからだが、人形にも首や手足を動かす働きがなければならない。「それがよくはたらけばこそ、人形のしるしはあることなれ、首手足もなく、はたらくところなくては、何をか人形のしるしとはせん」（『玉くしげ』）。

したがって、宣長にあっては、現実の政治は神々の所為から相対的に独立したもの、しかし、絶対的には神々の所為なくしては成立しないものとされ、為政者はこの相対の世界で、古道にかなう政治をしなければならないとされていたのだった。現代のなかに神代をみる宣長は、まさに現実の政治において、真に被治者を動かすものが何であるかを治者に教え、治者のもつ権力性、強権性に対する自己規制の必要を説いたのだった。「まことの道に志あらん人は、神代の次第をよく〳〵工夫して、何事もその跡を尋ねて、物の道理をば知るべきなり」（同上）という宣長の言葉の意味は、ここにあったというべきだろう。

だが、宣長のいう「神代の次第」の工夫とは、決して神代への復古を意味するものではなかった。

然るを古の道によるとして、上の政も下々の行ひも、強ひて上古のごとくに、これを立て直さんとするときは、神の当時の御はからひに逆ひて、返て道の旨にかなひがたし、されば今の世の国政は、又今の世の模様に従ひて、今の上の御掟にそむかず、有来るまゝの形を頽《くず》さず、跡を守りて執行ひたまふが、即ちまことの道の趣にして、とりも直さずこれ、かの上古の神随《かむながら》治め給ひ

し旨にあたるなり。(同上)

このように極度に為政者の恣意的な改革を喜ばず、現状を肯定して人民の真情を保守しようとする宣長の政治思想は、たとえ悪人であっても、人民に対する苛酷な刑罰はこれを許さなかった。悪人を教え直すのは道であり、禊の道理でもある。「大かた神は、物事大やうに、ゆるさるゝ事は、大柢ゆるして、世人のゆるやかに打とけて楽しむを、よろこばせたまふ」(同上)もの、「人の身のおこなひを、あまり瑣細にたゞして、窮屈にするのは、皇神《すめがみ》たちの御心にかなはぬこと」、それゆえ、苛酷な刑罰は、神の意に反するものだというのが、宣長の考え方だった。

藩政批判　以上が宣長の政治に対する基本的な姿勢であるが、宣長はこの基本的な政治観に照らして、現実の藩政をどのように批判したのか。

まず、宣長が指摘し、批判するのは、藩主はじめ、それぞれの身分の武士の生活様式が、重々しくなりすぎていることである。「今の大名方御身分の重々しさは、上古の天子中古の大将軍などの御様子よりもまさりて万事重々しき也」、「それに准じて中下の人々もみな同じ」(『秘本玉くしげ』)である。この武士階級の華美、奢侈をみならって、富有な町人もその生活が華美になってきたと、宣長はほどほどならぬ生活の現状を批判する。

しかし、宣長によれば問題は町人の華美よりも、武士階級、とくに藩主、重臣の奢侈にある。なぜなら「其中に平人のおごりは、其身一分ぎりのことにて、其害の他に及ぶことなきを、上たる人の奢りは、其害領内に及ぶ」(同上)からである。いいかえれば、大名の奢侈は藩財政を消費し、そのシワ寄せが人民に及ぶのは当然であり、身分を重々しくする結果は、藩の官僚組織を煩瑣《はんさ》にし、役人の類を増加することになり、結局藩財政の窮迫につながるからである。

「惣体大名の御身分のあまり重々しきにつきて、御物入おびたゞしきは勿論の事にて、又これによりて国政の妨となる事、何につけてもおほし」(同上)。ここから、第二の批判として、その国政の妨げとなる藩当局の農民搾取がとりあげられる。藩当局が農民を誅求して困窮に追いつめ、その生活を破綻させることへの批判である。「近来百姓は、殊に困窮の甚しき者のみ多し、これに二つの故あり、一つには地頭へ上る年貢甚多きが故也、二つには世上一同の奢につれて、百姓もおのづから身分のおごりもつきたる故なり」(同上)、しかし、農民の奢侈は町人にくらべて問題ではなく、何といっても、年貢の過重に彼らの困窮の原因があるとみている。

だが、宣長は直ちに年貢を軽減せよとはいわない。それは藩財政からみて無理だと考えるからである。だから、減免にかわって宣長が藩主に要求したのは、「せめて其うへをいさゝかも増ぬやうにこそあらまほしき」ことだった。宣長は「漸々に増す事のみにて、少しも減する事なき」藩の年貢政策に、農民生活の破壊、農民の江戸、大阪への流出、農民騒動の原因をみいだしていた。

農民騒動

最近頻発する農民や都市貧民の騒動は、上からの困窮の強制がその原因である。

「百姓町人大勢徒党して、強訴《ごうそ》濫放《らんほう》すること」は、上からの強制的収奪による生活破壊に原因があるとしても、「詮ずる所上を恐れざるより起」こるものだとすれば、もし下に非があれば、騒動の張本人を重く罰するのもやむをえないことだろう。しかし、「抑此事の起るを考ふるに、いづれも下の非はなくして、皆上の非より起れり」(同上)というのが事実である。

なぜなら、農民は余程の堪えがたい情況におちいらなければ、騒動を起こすものではなく、まして、徒党を組むなどは、「村々一致することはかたく、又悪党者ありて、これをすゝめありきても、かやうの事を一同にひそかに申《シ》合す事は、もれやすき物なれば、大抵の事にては、一致はしがたかるべ」(同上)き性質のものだからである。

しかるに、最近農民騒動が多いのは、「畢竟これ人為にあらず、上たる人深く遠慮をめぐらさるべきこと」である。しかし、騒動が起こったときの防禦対策ばかり考えても意味はない。為政者たるもの、非は自分にありと自覚し、「その因て起る本を直さずばあるべからず」。そして、宣長は本を直すとは、すなわち「非理のはからひをやめて、民をいたはる是なり」と断言する。いかに困窮しても、人民は、「上のはからひだによろしければ、此事は起る物にあらず」と宣長は民の人情を読みとっていた。

宣長はこのように農民の強訴、一揆の原因を、民の実情に目もくれない一方的な藩当局の恣意による搾取にみいだした。しかし、宣長が被治者に対する権力者の圧迫を非とすることは、窮乏の極に達した農民の場合にかぎらず、農民にくらべて比較的余裕のある都市の小市民、さらには富有な町人の場合も同じだった。宣長の藩当局に対する第三の批判は、その町人政策だった。

町人の奢侈

宣長は町人の奢侈そのものを肯定しはしない。町人が窮乏に苦しむとしたら、それは虚栄心にもとづく「分不相応にゆたかに暮さんとする」奢侈生活にあるとみ、町人の過分な奢侈には批判的だった。しかし、宣長は町人の奢侈を悪とするわけではなかった。宣長のいう人間の真心には、奢侈を望む心も含まれているのは、すでにみたとおりである。彼が批判するのは困窮の原因となるような奢侈だけだった。むしろ彼は武士にも町人にも、分相応の余裕ある生活を善しとしていたのである。

　すべて事を軽くするがよろしとても、又あまり身持かろ〴〵しければ、それに応じて、おのづから心ももちも行ひも、いやしく軽々しくなりて、上にたつ人などは、殊によからぬ事多きもの也、又倹約を心がくれば、おのづから悋嗇《しは》きかたに流れやすき物にて、必ずすべき事をも止めてせず、人にとらすべき物をも、惜みてとらさず、甚しき者は、人の物をさへ奪はまほしく思ふやうの心にもなりやすし。(同上)

さらに、人間の真情を尊重する宣長は、人は「惣じて華美なるかたにはうつりやすく、すこしも質素なる方へはうつりにくき物」(同上)という人情の傾向を当然のことだとし、「治平の久しくつゞける世は、一同に段々華美の長ずるならひにて」(同上)と、華美の風潮さえ、人間社会にあっては、やむなしと考えていた。だから無理な奢侈の抑制、倹約政策をもって、藩当局が町人を苦しめることには反対だった。

身分にやかましい封建社会で、奢侈という民衆貧困の原因をもたらすのが町人だとはいえ、また、本来武士階級と農民階級を構成要素とする封建社会において、封建権力がたとえ町人を異端者的存在だとみなそうとも、宣長は町人の存在意義をみとめていた。なぜなら「交易のために、商人もなくてはかなはぬ物にて、商人多きほど、国のためにも民間のためにも、自由はよきもの也」(同上)というべきだからである。したがって、宣長は封建権力が商人の社会的な存在意義を考えようとはせず、ただ恩恵的にその存在を認め、藩財政をうるおすために、冥加金をとり立てて省みない自己本位の政策には、きびしい批判の矢を放つのだった。

町人たちがいかに財産を持っていたとしても、上より賜ったものでも、人から盗んだものでも、違法行為をして手に入れたものでもない。「皆これ面々の先祖、又は己々が働きにて得たる金銀なれば、一銭といへ共、しひて是を取べき道理なし」、金銀はいかに多くもっていても、人はなおこれをふやそうとこそ思え、「いささかにても、故なくてこれを出す事をば、甚愁ふるもの也」(同上)というのが、藩当局の町人政策に反対する宣長の理由だった。

私人たる町人の私的な努力の成果を、どこまでも大切にすべきだと権力者に教える宣長の思想は、貧困な農民の場合でも、富有な町人の場合でも同じであり、それに対する藩権力の不当な侵入には、宣長はきびしい態度に出たのである。

もし藩の財政が苦しければ、藩の責任で解決すべき問題であり、それを被治者の犠牲によって解決すべきではない。これが宣長の考え方だった。「さればさしつまりてやむ事を得ざる時は、御家中の禄を、年を限りて減じ給ふより外の上策は無し、これ当然のあたりまへなり」(同上)といい切ったのである。

宣長の眼からみて、社会不安や藩財政困窮の原因は、何よりも藩当局の弊政にあり、その弊政のシワ寄せを被治者に押しつけることは間違っているというのが、現実の政治に対する宣長の批判のすべてであり、被治者への犠牲は、被治者の心情と生活を省りみない藩当局の私意にもとづく急激な改革より大なるものはない、これが宣長の基本的な政治姿勢だったといってよい。

眼前に大害と知れながらも、停めがたく、国君の勢にても、公儀の御威光にても、俄に禁止しがたき事も多くある也、然るにその類を、俄にしひて禁ぜんとするときは、返て又害を生じて、いかん共しがたき事もある物なり。(同上)

これは宣長の世界観からいって当然のことであり、「国君の勢」や「公儀の御威光」を楯に、人情を無視して強権政治を断行しがちな封建為政者への強い内省の言葉と考えて間違いなかろう。

被治者の政治思想

宣長の政治思想の根柢には、彼自身の私的、主情的な人間観があった。そして、この人間観に支えられた人間の真心を保証する政治として、天照大御神の政治、ひいては天皇統治が考えられていた。天照大御神の政治とは、神随の道に従う政治、人間社会にその背後から働きかける神々の所為に逆らわない政治、いいかえれば、神代の「妙趣」に従う古道論的な政治であり、宣長はこの政治を何ものにもまして崇敬し、信頼していたのだった。

宣長はこの神代の「妙趣」の働きを、現代の政治に活用すべきことを、封建為政者に要求した。それは現代に神代が内在するという宣長の確信にもとづく考え方であるとともに、人為の賢明さを誇る儒教的政治思想、つまり封建社会公認の政治的イデオロギーを相対化することへの宣長の期待からでもあった。

こうした宣長の政治思想は、治者的、武士的な立場から政治をとらえるのではなく、被治者、私人の立場から政治を把握するものであり、自らが政治主体となることを拒否した、いわば封建政治の圏外に立つ者の立場から、為政者の政治的態度にきびしい注文をつけるという意図が貫かれていたといえよう。したがって、そこには宣長の人間観と同じように、自らが政治を動かそうという能動性はみられない。その意味で、宣長の政治思想は、非政治的立場を貫徹した結果生まれてきた政治思想だということができる。

宣長の政治思想を特色づける非能動性、いいかえれば神の所与に従う、権力の掟に従うという受け身の姿勢は、一見、権力者への服従を被治者に説くようにみえるとしても、その姿勢は、実は宣長が被治者＝町人、農民の立場から現状を肯定したということであって、治者＝武士階級の立場から実施されようとする現状改革に従順であるということではない。この意味は、すでにのべたところから明らかだろう。

言葉はおだやかであるが、宣長の言いたいのは、封建権力者によって、これ以上被治者の生活領域を侵害されたくないという意志の表明であり、むしろ、為政者を被治者の現状へ引きよせたいという意欲さえ感じとられる。ここに長い学問的生涯をかけて、古道思想を創造し、それを自らの骨肉に融合した人間宣長のしたたかさがあったといわねばならない。

したがって、宣長の政治思想は現状肯定だといって誤りではないが、それを直ちに現体制の補強を意図する思想だとすることには、大きな問題があると考えるべきである。

現状肯定の意味するもの

宣長にとって現状とは、何度もいうようにそこに神代が内在し、人間の真情を生かして働かすことができる世界である。為政者が自らの利害のために、その世界を改革し、一方的に人間の真情を抑制することは許されない。農民の年貢を増徴すること、町人の私有財産を恣意的に召し上げること、華美を急速に制しようとして、息づまるような厳命を下し、人間の行動に手枷、足枷をはめることなど、どれ一つとってみても、宣長が無条件に認められるものではなかったのだった。

人間が産霊の神の産みだしたものとして、生まれつき為すべきかぎりの業を知っているのと同じように、世の中も神々の所為によって動くものである以上、人間の社会はそれ自らの内に、一定の平衡力、復原力をそなえていると宣長は信じていた。「正しき事善き事のみにはあらずして、……邪《よこしま》なる事悪き事も必ずまじるは、これ又然るべき根本の道理」(『玉くしげ』)、あるいは「吉事あれば、かならず凶事もあり、また悪事のあるによりて、善事は生ずる物なり、又昼あれば夜もあり、富める人あれば、貧しき人もなくてはかなはぬ道理なり」(同上)というのは、宣長の社会的平衡力についての認識だろう。

「物はかぎり有て、のぼりきはまる時は、又おのづから降ることとなれば、いつぞは又本へかへる時節も有べき也」(『秘本玉くしげ』)というのは、社会がもつ復原力に関する宣長の認識である。この二つの力もまた、神代の「妙理」、「妙趣」にほかならなかった。この「妙理」、「妙趣」を信ずるかぎり、現状は肯定さるべきで、権力者の有限の人智による改革が、決して本質的な問題解決にはならないという宣長の治者に対する言明は、当然のことだったのである。

宣長の政治思想は、このように武士本位の封建社会のなかで、自らの努力でつくりあげてきた被治者の私的な世界を、あくまでも保守しようとするものだったことは明らかである。しかし、宣長の政治思想は、それ以上の主張をもつものではなかった。つまり、私的な被治者の立場を積極的に治者の立場に対置し、それを政治的に武士の世界に優位、もしくは対等な地位におこうとする変革の思想ではなかったのはいうまでもない。

宣長が歓迎しなかったのは、治者本位の改革だけではなかった。被治者が私に政治を論ずることは、古道に反するものとして、彼が最も嫌ったものだった。反乱、謀反など、すべて時の権力者への反抗は、誰がそれを企てようと、古道に反対するものとして宣長はそれを否定した。

たとえば、寛政二年（一七九〇）、六一歳のとき、酒折《さかおり》宮の神官で宣長の門人である萩原元克から、酒折宮のために寿詞の碑文を依頼されたときの宣長の態度は、そうした彼の思想の具体的な現れだった。このとき宣長は、一たん碑文作成を了承した。しかし、この宮にはすでに山県大弐《やまがただいに》の手になる漢文の碑文が一基あることに気がついた宣長は、もし、自分の碑文が、大弐の碑文と並べて建てられるなら、それは釈然としないから断りたいと申し出ている。宣長が断ったのは、山県大弐が幕府転覆を企てたという容疑で処刑されたいわゆる明和事件の主謀者と目された人物だったからである。

宣長　六一歳自画像

大弐は享保一〇年（一七二五）甲斐国に生まれ、山崎闇斎の学統をうけつぐ加々《かが》美《み》桜塢《おおう》に学び、尊皇思想を身につけた。彼が宝暦九年（一七五九）に著した『柳子新論《りゅうしし》』は、古代王朝の世界を理想化し、幕藩体制を否定しようとする革命論である。大弐が幕府に逮捕されたのは、明和四年（一七六七）二月、処刑されたのは八月で、宣長が三八歳のときのことだった。

宣長の大弐に対するこのような感情をみても、宣長の政治思想には、権力者への反逆的な要素というよりも、それが上からであれ下からであれ、現状を急激に変えようとする変革論が全く含まれていないことがわかるだろう。そのときの宣長の書翰は、次のとおりである。

石碑文《いしぶみぶん》之事被相頼申候由《あいたのまれもうしそうろうよし》、右酒折宮は、格別之旧跡ノ御事に御座候へば、承知仕候。跡より認、貴君迄指進じ可申候。此段被仰達可被下候《このだんおおせられたつしくださるべくそうろう》。夫に付漢文碑文の写し御見せ被下、一覧いたし候処、作者姓名山県昌貞ト有之候。是は山県大弐に而は無御座候哉、貴国ニハ山県氏ノ人外ニモ可有之、よもや彼大弐が文ならば、其分にハ建テヽ有之間敷、定而別人ナルベシトハ存じ候へ共、万一大弐ニ而御座候はゞ、其の碑と並べ建テ候事、何とやらん心よからず存候へば、愚作碑文之義は御断申度候。此段貴君御心得置可被下候《おきくださるべくそうろう》。（『本居宣長翁書簡集』）

宣長の尊皇思想

宣長が将軍や大名の統治を、天照大御神や天皇の委託をうけたもの、いわば天皇統治の代行者だとみていたかぎり、幕府諸藩の権力を否定する反逆者を、単純に天皇統治の否定につながるものだと考え、それを絶対に否定するのは、宣長の尊皇思想の当然の帰結である。だが、だからといって、『古事記』のなかで確かめた天皇統治という事実を絶対化する宣長の思想が、人間真情の保証を要求する点において、現実の幕藩政治に対する批判的意義をもっていたことまで否定してはならない。

宣長は、山県大弐の尊皇論と同じように吉田松陰に代表される幕末の尊皇倒幕の思想にも否定的だったにちがいない。松陰も宣長と同じように神代の「事実」を根拠に、天皇統治を絶対化していた。それにもかかわらず、宣長の思想は、松陰らの倒幕思想とは全くちがっていた。そのちがいは、松陰らが天皇統治の絶対化によって、幕府政治を相対化し、ついには倒幕の実践につき進んでいった点にのみあるのではない。もっと重要な点でちがっていたのである。

どのようにちがっていたのか。松陰らの尊皇倒幕論は、極端にいえば倒幕という大義のために私を捨てること、個々の私人の捨身を要求するものであり、彼らの思想は、いわば彼らが倒幕を決断すると同時に、宣長が最も大切にしていた被治者の私的世界をも切り捨て、そこに公的な道義性を求める思想だった。その意味で、松陰らの思想は宣長と同じ天皇統治の絶対化をその中核に据えながらも、はっきり宣長の思想とは断絶していたといってよい。私的な心情の世界を保証しない松陰らの尊皇倒幕思想は、もし宣長が幕末期に生きていたら、彼の古道思想からみて、山県大弐と同じような「何とやらん心よからず」といわれる思想にちがいなかった。

宣長の古道思想、尊皇思想がもつ政治性は、人間の豊かな情緒性にみちた和歌の世界、「物のあはれ」を知る心が、優雅な風儀人情をつくりだす王朝貴族の物語の世界、あるいはささやかな欲望の充足を喜ぶ素直な真情の世界をどこまでも追求し、ついに宣長がそれら主情的な人間の生き方の根柢を、『古事記』のなかに発見した結果生まれてきたものというべきであり、さきにいったように、それは非政治性を貫徹した結果の産物だといわねばならない。

宣長がこうした武家社会にとって不利な現状肯定の政治的発言を行った天明七年（一七八七）は、田沼意次が失脚し、老中の座を追われた翌年にあたる。従来の田沼による重商政策にかわって、徳川吉宗の享保改革を目標に、勤倹尚武、農本抑商を政治的なスローガンに、四民を通じて封建社会本来の質朴な生活秩序を再建しようと、松平定信が譜代の諸侯におされ老中首座に就任したのは、この天明七年だった。

定信の政治的意図が、まさに宣長の欲しない人為的な武士本位の改革にあったことを考えるとき、宣長の政治思想が時の幕政に対して担った意義は、幕府にとって好ましいものだったかどうか、もはや説明する必要はあるまい。

宣長の政治思想は、定信が理想とした享保改革において、主導的な地位に立った荻生徂徠の古文辞学に端を発した政治思想が、将軍中心の武家社会の再建強化に向けられていたのとは正反対の思想であり、武士的な生活秩序の強権的再興には正面から対立するものだったのである。

宣長の天皇制

宣長の政治思想を終わるにあたり、一言しておきたいことがある。それは宣長の思想のなかでも、古道論に基礎をおくその政治思想には、それが果たした歴史的な役割のほかに、その政治思想には、天皇制のイデオロギーとしての役割があり、それがどのようなものだったかをみておく必要があろうということである。

宣長がその古道論において、ひいては政治思想のなかで、最も重要な地位においたのが天皇統治に関する思想であり、天皇統治は宣長にとって絶対そのものでさえあった。宣長が絶対視した天皇統治の政治機能は、くりかえしのべたように、人々の真情を保守し、人の穏やかな安らいだ生活を保証するところにある。したがって、宣長の政治思想がもつ天皇制イデオロギーとしての役割も、またここにあったというべきだろう。

つまり、宣長の古道論的な政治思想は、このように天皇制からその権力性を払拭し、どこまでも天皇統治を美化するものにほかならないということである。宣長の天皇統治の美化が、天皇統治を現実の幕藩政治に対置し、現実政治を批判するという政治機能をもっていたとしても、それとはかかわりなく、それはつねに権力機構としての天皇制を礼賛し、その強権性を完全に人々の眼から隠弊しつづけるイデオロギーであることは否定できない。

しかも、宣長の天皇観は人間の真情を保証する倫理的機能によって、人々の心情に働きかけ、人人が心情的に、「天皇の心を心とする」ことをもって、人々が自らの人間性の解放を期待する、いいかえれば天皇統治と人間真情の保証とが一体的であるという構造をもつものである。この天皇観の心情的な構造は、現実の政治権力に抑圧され、知的批判の自由を奪われた人間の憩いの場を、天皇制のなかに設定するものであり、天皇制がもつ危険な陥穽《かんせい》にほかならないだろう。

宣長が『古事記』に記された神代、古代の天照大御神や天皇に、真に一片の強権性をみいださなかったのは本当だとしても、さらに、宣長が幕府や諸藩の政治状態、権力情況のただなかで、人々の真情を確保する新しい政治的権威として、天皇統治を提出したことの思想的意義を評価するとしても、この宣長の天皇観にひそんだ心情的な構造は、現代において我々が、批判的な意義において天皇制を語るとき、決して無視されてはならない問題性を含んでいることを、忘れてはならない。

最後に「結び」にかえて宣長の学問的態度についてのべ、学者としての宣長の面目を総括しておきたい。

結びにかえて――本居宣長と学問

思ひよれる方にまかすべき

若き日には青春を楽しみ、その思想が確立して後は、ときにはするどい政治発言をする宣長だったが、その生涯は学者として首尾一貫し、宣長の学問の深化は、同時に思想形成と深くかかわっていたのである。このような宣長の生き方については、すでにのべたところから明らかだと思われる。

宣長が古道を基礎にその正当性を主張した人間像は、豊かな感受性に富み、「物のあはれ」に感動し、偽善や虚偽のイデオロギーに毒されない真情をもつ初々しい人間だった。それは伝統的な儒仏の道徳的通念によって、直ちに肯定される人間像ではなく、近世封建社会における新しい人間の誕生だったといってよい。

既成道徳の支配する世界において、新しい人間像を大胆に提起するには、新しい人間の価値づけを可能にする思想的、学問的な探求と、思想家自身の主体的精神の確立が不可欠な前提として要求されるのは、いうまでもあるまい。宣長における主体的精神の確立は、ある意味で生得的な面があったのは事実だろうが、それだけだと考えるわけにはいかない。長い宣長の学究生活の間に、自覚的にそれは育てられてきたものだった。

宣長の学問的な主体性は、何よりも『初山踏』（『本居宣長全集』）における学問論や、学ぶ者への教えのなかにしめされていた。『初山踏』は周知のように、寛政一〇年（一七九八）畢生の大作『古事記伝』を完成した六九歳の宣長が、その学問体験を後進に伝え、古学入門の手びきとするため、門弟たちの求めに応じて書き与えたものである。

本書のはじめに宣長は、学問の種類についてのべている。「神代紀をむねとたてゝ、道をもはら学ぶ」神学（古道の学）、「官職、儀式、律令」や、「故実、装束、調度」を主として研究対象とする有職《ゆうそく》の学、「六国史其外の古書をはじめ、後世の書共まで」自由に学ぶ歴史の学、和歌を詠み、和歌を解明する歌学などがそれである。

しかし、宣長は学問の本来の在り方は、学者自らその対象を選択し、決定すべきものであり、他から強制すべきものではなく、また、強制されるべきものでもないと説いていることを見落としてはならない。

「まずかの学《まなび》のしな〴〵は、他よりしひて、それをとはいひがたし、大抵みづから思ひよれる方にまかすべき也」と宣長はいう。いかに初心者でも、学に志すほどの人間ならば、子供とはちがうのだから、「ほど〴〵にみづから思ひよれるすぢは、必ずあるものなり」、つまり自分で何が学びたいか、よく考えよと宣長は門弟に教えるのだった。

ただ、宣長が注意として与えているのは、学問の功をあげるには、自分の好きな対象、生まれつき性に合っている対象がよいということだけである。

また、学び方についても、どうすればよいと教えるのは、たやすいことだが、学ぶ者がそれに従って、「果してよきものならんや、又思ひの外にさてはあしき物ならんや」、あらかじめわかりにくいものであるとのべている。だから、宣長は、結局は学び方などというものは、「実はたゞ其人の心まかせにしてよき也」とつき放す。「詮ずるところ学問は、たゞ年月長く倦《うま》ずおこたらずして、はげみつとむるぞ肝要にて、学びやうは、いかやうにしてもよかるべく、さのみかゝはるまじきこと也」、これが宣長の学び方についての結論である。

このように宣長が、学問の対象や方法に関する自主的かつ自由な選択と決定の必要、および長年の精進の肝要さを、その古学への入門書において説くその精神は、軽々しく見逃してよいものではあるまい。なぜなら、宣長のこの言葉は、宣長自身が歌学、文学から古学へと彼が生涯を捧げて悔いない「道の学問」に接近してきた根本的な態度を集約的に表現した言葉だからである。それだけでなく、この言葉は宣長が、自分の主体性を大切にしていたと同じように、学問に志すすべての人人の主体性をも尊重し、いろいろな学問に、それぞれの価値あることを承認する自由な精神の持ち主だったことをしめしているからである。

ここにみられる宣長の主体的な学問精神にこそ、宣長をして『古事記』の徹底的な解明を可能ならしめ、そこにしめされた「事実」を通じて独自の古道思想を形成し、それをもって宣長が、現実の社会における虚偽のイデオロギーに立ち向かうことができた原因をみいださなければならない。さらに、宣長がこのような学問的主体性を確立していたからこそ、「学者はたゞ、道を尋ねて明らめしるをこそ、つとめとすべけれ、私に道を行ふべきものにはあらず」と断言し、政治と学問の目的を無媒介に混同するような道学的伝統を否定し、学問固有の領域を確立することができたのだった。

若き日の宣長の「好、信、楽」、「私有自楽」の精神は、宣長の学問的主体性と表裏をなす精神だったのであり、別のいい方をすれば、それはこの学問的主体性の感性的な裏付けだったといえる。

古学への道

しかし、宣長は自分を師と仰いで学ぼうとする門弟たちには、その採否は彼らの自由にまかすとしても、懇切に学問の道と方法を説きあかしている。「たゞ己が教によらん人のためにいふのみ也」と前置きし、宣長は彼らに向かっていろいろな学問はあるが、「其中に主《むね》としてよるべきすぢは、何れぞといえば、道の学問なり」と古道学の重要さを教え、次のように道の概要と学び方を諭していた。

そも〳〵此道は、天照大御神の道にして、天皇の天下をしろしめす道、四海万国にゆきわたりたるまことの道なるが、ひとり皇国に伝はれるを、其道はいかなるさまの道ぞといふに、此道は、古事記書紀の二典に記されたる神代上代の、もろ〳〵の事跡のうへに備はりたり、此二典の上代の巻を、くりかへし〳〵よく見るべし。

実はこの道の学びこそ、宣長がすべての人々に伝え、ひろめたい学問だった。老の身に鞭打って度々京都に足を運び、公家の社会に古学思想を流布させようと尽力していたのは、ちょうど、この『初山踏』をかいていた頃のことだった。それにもかかわらず、学問を論じようとする視点に立ったとき、宣長は学ぶ人間の主体性を尊重し、その選択の自由をはっきりと認めていたのである。

宣長にとって主体的意欲を欠如し、自らの内面の要求に徹しない学問は、もはや学問たるに値しないもの、少くとも道の学びというにはふさわしくないものであろう。古語、古文を正しく把握し、古典を解明し、道を求めて学問すること自体が、自己の思想を作りあげる営みにほかならないという自覚が、宣長の心底に確乎として存在し、その立場からいえば、いかに古学でも、いな古学であるからこそ、他人に強制してはならないと考えられていた。

『初山踏』には以上のような学問に対する基本的な態度のほか、道を学ぶ人のために、「第一に漢意、儒意を、清く濯ぎ去て、やまと魂をかたくする事」、記紀をよく読むべきこと、なかでも「道をしらんためには、殊に古事記をさきとすべき」ことなどが教えられ、あるいは道を知るたすけとして読むべきいくつかの書籍が記されている。

古道と和歌

だが、それらのなかで、宣長の道の学びにとって最も大切な方法として語られているのが、和歌と古道の相互関連的な把握だった。これはかつて谷川士清にも語っていたところである。和歌学びの意義を、『初山踏』でもこうのべている。「すべての人は、かならず歌をよむべきものなる内にも、学問する者は、なほさらよまではかなはぬわざ也、歌をよまでは、古の世のくはしき意、風雅《みやび》のおもむきはしりがたし」。かつて、よき和歌をよむために、中古の物語を読めといった宣長は、ここでは古道を明らかにする重要な手段として和歌を位置づけていた。

ついで、和歌の学び方についてふれ、まず『万葉集』を学んで古風の歌を身につけること。その後、『伊勢物語』、『源氏物語』などを学んで後世風の和歌を研究することなどの必要をあげ、「すべてみづから歌をもよみ、物がたりぶみなどをも常に見て、いにしへ人の風雅のおもむきをしるは、歌まなびのためには、いふに及ばず、古の道を明らめしる学問にも、いみじくたすけとなるわざなりかし」と諭したのだった。

これらの教えは、すべて宣長自身の実感をこめて門弟たちに伝えられ、なかでも和歌は宣長が最も好んだものであり、かつまた神代を現代に運ぶ通路としてとらえられていたものであっただけに、その説き方には熱がこもっていた。宣長が和歌・物語によって古人の風雅の趣を知れといったことは、宣長の学問の方法を質的に物語るものとして最も重要な教えだといわねばならない。

宣長の学問的主体性確立のいわば出発点となったのが、彼の和歌への執着であり、契沖、真淵の古学の方法を学びとるときも、宣長はいつも歌学びを中心にすえていた。しかも、和歌、物語はリアルな情感をたたえて、作者や主人公の感情、その時代の「世態」人情、風雅の趣を写し出してくれる。宣長の和歌、物語の理解は、その情感にひたり切ることによって深まったのは、いうまでもなかろう。

したがって、宣長のいう和歌、物語の理解とは、文字、言語とそれによって表現される意味がもつ時代性を、客観的に学びとるだけではなく、古人の情感を直接的に体感することまでを含んでいると解すべきである。このような方法は、やがて宣長が古道の内容を体感的に把握するうえで、大いに役立ったにちがいない。和歌、物語によって、「すべて古の雅《みやび》たる世の有様を、よくしるは、これ古の道をしるべき階梯也」と宣長が語るのは、知的認識を意味するだけでなく、実感的なそれをも意味していることを忘れるべきではない。ここにこそ、和歌と古道の相互関連性を重視する宣長の学問的方法の特質があったのだ。

批判精神

しかし、宣長の学問精神を知るには、これだけでは充分とはいえない。彼が学問の本質をなす批判的精神を、いかに自らのものにしていたかをみておかなければならない。宣長の学問的な批判の精神は、具体的には次のような『玉勝間』の言葉となって表現されていた。

たとえば、「師の説になづまざる事」(二の巻)で、師の説の善悪をいわず、ひたすらにこれを守るのは、「学問の道には、いふかひなきわざ也」と師説の墨守を否定する。自分の師の説を批判するのは、師に対して心苦しいが、「それもいはざれば、世の学者その説にまどひて、長くよきをしるご(時期)なし」、師の説のあやまりを知りつつも、師のために公表しない態度については、「たゞ師をのみたふとみて、道をば思わざる也」といい、学者の目的はただ一つ道の究明以外にないことを、きっぱりといい切っていたのである。

あるいは「わがをしへ子にいましめおくやう」(同上)は、自分が師にとる学問的態度を、そのまま門弟に求めている文章である。自分の教えをうけて学問する人たちも、自分の説よりよき説がでてきたならば、決して自分の説にとらわれることなく、自分の説を批判して、そのよき説を公開せよと説く。

「すべておのが人をゝしふるは、道を明かにせむとなれば、かにもかくにも、道をあきらかにせむぞ、吾を用ふるには有ける。道を思はで、いたずらにわれをたふとまんは、わが心にあらざるぞかし」。

宣長がいう道を、真理という言葉におきかえれば、彼の発言は現代においても、なお生彩を失わない意見である。師の権威を絶対化する封建道学の伝統が強い時代に、これらの言葉が宣長の口から吐かれたことは、彼がいかに道の価値＝真実に対して情熱をいだいていたかを如実にしめしているだろう。

さらにまた「ひとむきにかたよることの論《あげつらひ》」（四の巻）は、学者が間違いないと信ずる自説を固執することの正しさをのべたものである。学者はいかに世人が批判しようとも、正しいと信ずる自分の学説は守るべきもので、「わが思ふすぢをまげて、したがふべきことにはあらず」という宣長は、学問・研究の成果は社会の評価とは無関係であり、「よるところに定まりて、そを深く信ずる心ならば、かならずひとむきにこそよるべけれ」と教えるのである。

しかし、「前後と説のかはる事」（同上）では、さきの教えと反対に、あやまった、あるいは不充分な自説に固執することの非を説き、学説は研究を深めるとともに変わるのが当然だと教えている。「年をへてがくもむすゝみゆけば、説は必ずかはらでかなはず、又おのがはじめの誤りを、後にしりながらは、つゝみかくさで、きよく改めたるも、いとよき事也」と、ここでは諭しているのだった。

こうした言葉の数々は、いずれも宣長の学問的批判精神と、古道を正しくとらえようとする彼の情熱を余すところなくしめしている。宣長の道を求めての学究的な生き方は、それが彼の古道信仰と不可分な関係にあったことは間違いないとしても、古道信仰そのものが、宣長の学問的精神に支えられた「真実」追求の成果であったかぎり、宣長の古道思想の底を流れる新しい学問精神の存在を否定できないのは当然である。学者としての宣長は、封建時代には珍しい、きわめてユニークな近代的な息吹を感じさせる人物だった。

しかし、宣長を近代的な学究とみることはできないし、宣長が把握した主情主義的な人間観も、近代的人間観だということはできない。その理由は、宣長の学問そのものが、真に客観的な真実を探求する学問ではなく、古典に描かれた神々の「事跡」をあるがままに知ろうとし、その解明の過程に理性の介入することを拒否する道の学びだったことにある。

宣長学の歴史性

道の学び、つまり古道の学問は、『古事記』に記載された神々の世界を、そのまま古代の「真実」、人間窮極の存在意義として信仰し、その世界を解明する手段としてのみ、実証的な文献学的方法を駆使する学問にほかならない。したがって、宣長の古道の学は、『古事記』に現れた神々の「事跡」を相対化し、批判することを、漢意として意識的に排除するもの、というより漢意の排除を、その重要な方法とし、むしろその排除と併行して形成された学問だった。この宣長の学問的態度は、彼の学問的主体性と分かちがたく結びつき、矛盾する性質のものではなかったのである。ここに宣長の学問が背負っている歴史性があった。

このような歴史性は、伊藤仁斎も、荻生徂徠も信仰の対象こそちがってはいたが、ひとしく背負っている歴史性である。いな、学問固有の領域を確立しただけ、宣長は彼らより歴史性からは自由だったといってよい。しかし、宣長の学問の特色をこのようにみたうえでも、なおかつ、宣長が把握した主情的人間観は、思想史的に高い価値を担っているといわねばならない。それは聖人によって権威づけられた封建道学の理想的人間観を相対化し、道学的人間観から人間の情緒性を解放するものだという、いままでのべてきた意味もあるが、それだけではない。

宣長の人間観が、理性だけでは割り切れない複雑な人間性への深い洞察をふまえて成り立ったものであること。宣長が若き青春の体験を反芻しながら、自分が最も愛好した和歌を徹底的に追求し、和歌成立の根拠である人間の情緒性に人間の本質をみいだしたこと。さらに、和歌の情感をたしかな手がかりとして、物語の世界、『古事記』の世界に分け入り、そこでの共感にもとづいて古典の再生に成功したという宣長独自の学問的方法が、この人間観から生まれたものだということ。これらの諸点において、彼の人間観が、歴史性を背負うとともに、歴史を超えた人間の本質を示唆していることを、無視できないからである。

とくに重要なのは、宣長がその人間観を武器として見事に古典の再生に成功したという点である。この点を評価するならば、人もしくは人間社会の究明が、現実の人間や社会自体に即して実施されるのではなく、儒、仏に典型的にみられるように、すべて典籍を通して探求されていた封建時代の一般的な学問的制約のもとにおいて、宣長が自ら真実だと信ずる人間性の原点を、『古事記』

のではない。

のなかに探り出し、神々の権威を背後に、その正当性を主張したとしても、それは非難に値するものではない。

それどころか、宣長はそうした学問的制約のなかにあって、典籍だけに頼ることなく、自己の青春時代の情緒的な生き方そのものを素材として、人間の非合理性、情緒性のたしかな手ごたえを感得し、そこから和歌を「階梯」として、王朝の物語、『古事記』へとさかのぼり、そこでついに人間性と社会の「真実」を発見したのである。このような自己自身の体感をふまえ、古典の世界を自らの心底に再現しつつ、自己の学問と思想を形成するという方法の貫徹は、当時にあっては、数少ないすぐれた学者、思想家の学問的な生き方にしかみられないものだったのである。

あとがき

本居宣長は自らの思想を形成することによって、自らの学問を大成させた人物である。彼が前人未踏ともいうべき『古事記』の世界に分け入り、また『古事記』を正確に把握するために、和歌、文学の学、言葉の学、有職故実の学など総じて古学といわれるものを自らの武器とし、文字通り日本の古典研究に金字塔を樹立した過程は、そのまま宣長の思想的要求に合致したものであり、彼の思想の確立と表裏一体の関係に立つものだった。

武士の法制と儒教的、道学的な厳格主義が、人々に息づまるような窮屈な生き方を強制していた徳川幕藩体制にあって、宣長の学問がもつ思想的な役割は、この体制のなかに生きる人々に、己れの真情に忠実に、人間らしい感性豊かな真実の人生を保証し、そうした生き方を可能ならしめる思想的な根拠を明白にすることにあった。このことは本文でのべたとおりである。

だが、このような思想と一体化した宣長の学問は、その余りにも強い独自性のゆえに、かつまたその綜合的な質の高さのゆえに、数ある宣長の門人たちも、誰一人としてその学問を正しく継承することはできず、彼らは師の学問を、思想と純学問的な分野に分離し、それぞれの性格と能力に応じてそれらを学びとったようである。

さらに彼らは、純学問的な領域においても、師の学問を和歌、文学、語学などの分野と、歴史、有職、祭祀に関する故実の考証の分野とに分け、そのいずれかに重点をおいて継承していたし、とくに思想の側面においては、宣長の言わんとするところを正しく受けつぎ、それを発展させた門人は皆無だったといってよい。

宣長の生前には、近畿、中部を中心に、ほぼ全国各地方にわたって四九〇人の門人を数えたが、そのほか宣長の没後に入門したいわゆる没後の門人が二人いた。生前の門人の大部分は専門学者というよりも、家業のかたわら詠歌や古文に趣味をいだいて入門した人々であり、この人々を別とすれば、学問で身を立てていた人々は、全体の約一割にすぎなかった。

宣長門下の学究としては、宣長の実子春庭や養子の大平はじめ、田中道麿、横井千秋、田中大秀などの高弟が数えられる。しかし、この高弟たちも、宣長の学問を全面にわたって受けつぐことができず、歌文の学や語学など部分的に学びとって一家をなす人々ばかりだった。宣長の古道論を受けついだのは、生前の門人のなかでは服部中庸《なかつね》ただ一人だったといわれている。このような生前の門人のなかに、宣長以後の国学の世界で、着目するに足る仕事をした人がいなかったとしても、別に不思議ではない。

こうした生前の門人たちに対し、たとえ部分的にではあれ、あるいは宣長の思想からかけはなれてしまったとはいえ、宣長なき後の国学の世界に大きな足跡を残したのは、没後の門人たちだった。その一人は若狭小浜の人伴信友であり、他の一人は秋田の人平田篤胤である。信友は宣長の古学的方法論を発展させ、近世考証学の権威者として、歴史、有職、祭祀の故実の方面において、現在なお学問的生命を失わないすぐれた考証を積み重ねた純粋の学者だったし、篤胤は宣長の古道論を発展させ、彼独自の神道思想を展開し、幕末の国学、神道界にその勢力を扶殖しただけでなく、倒幕運動にも大きな政治的影響を与えた人物だった。とくに篤胤は宣長の古道思想の唯一の後継者を以て任じていたのである。

したがって、宣長の学問的継承者と思想的後継者を論じる場合、伴信友と平田篤胤を無視することは許されないが、同時に、信友の学問が宣長の思想性と切りはなされたものであり、篤胤の神道思想が宣長の主情主義的人間観とは無縁なものだったことを忘れてはならない。しかし、信友の学問が客観的な考証学として、宣長の古学とはその範疇を異にするものであることが広く知られているのに対し、篤胤は宣長と同じく古学を唱え、復古神道の大成者として、宣長の思想の質的な延長線上に位置づけられがちである。それゆえ、両者の思想的なちがいについて簡単にのべておきたい。

篤胤と宣長の古道論をまず明白に区別する点は、宣長の古道論が和歌、物語の研究を階梯として形成されたものであったのに対し、篤胤のそれは「予諸道に冠たる古道の学びを精究して……歌文の事など知らずと云ひて少しも恥ず」(『天説弁々』)と彼自らがいうように、和歌、物語とは無関係に成立したものだということだろう。さきにも一寸ふれたが、篤胤には和歌、物語が人間の主情的な本質から生まれたものだという認識は全くなかったのである。

両者の古道論の第二の区別は、宣長と篤胤の神代観のちがいであろう。宣長の神代観は、神代とは神々が人智を以てしては解しがたい「神代の妙趣」に従い、その真情のままに生きた世界だというにあり、いささかの思弁も加えず、ただ仰いで信ずべき世界だとされ、そこには人間の主情性を肯定する根拠の追求という思想性が秘められていた。

これに対し、篤胤の神代観は、「知らるべき限り明らめ知らずて有べきかは」(同上)という思弁によって構成されたものであり、ときには『古事記』記載の事実さえ無視して形成されていた。篤胤は天御中主神を天地創成以前に存在した宇宙、万物の造化神だとし、その直系に皇祖の神々を置くとともに、世界各国の開国祖神たちをすべて皇祖神の下に統一しようとしていたのだった。

第三の相違点は、宣長の古道論が、「事実」信仰を基にして組立てられた世界観だったのにくらべると、篤胤のそれは既成宗教に対抗しようとする宗教的性格が強いことである。たとえば、篤胤は、宣長が神道に安心はない(『鈴屋答問録』)といった神道観を否定して死後の安心を説き、宣長が死後の世界だとした暗黒の穢れた夜見の国という観念を「忌々《ゆゆ》しき曲説《まがごと》」(『霊の真柱』)として斥け、大国主神が主宰する現世と寸分変わらぬ、衣食の道もそなわった世界を死後の世界であると説き、この世界こそ、人間の永遠の生を保証する「吾人の本つ世」（『玉だすき』）だと考えていた。このように篤胤に従えば、人間の死後への不安は見事に解消されるわけである。

第四に篤胤の古道論が宣長のそれとちがうところは、篤胤の古道論には濃厚な道学的性格がそなわっていることだろう。篤胤は人間の死後には、大国主神による死後の審判があるとし、現世の善人は死後幸福になり、悪人は死後処罰される（『印度蔵志』）と説く。このことは、篤胤が人々に向かって、死後の幸福のために勧善懲悪を試みていることを意味するものだろう。

このように篤胤の古道論は、宣長が神によってつくられた人間には不要だとした外的な道徳規範を復活させただけでなく、「古学とは熟く古への真を尋ね明らめ、それを規則として、後を糺すをこそいふべけれ」（『霊の真柱』）というように、古道そのものに強い規範性を附与することになった。しかも、その規範の内容は、神道的清浄感と儒教的五倫五常を折衷した道学的なもの（『玉だすき』）だったのである。

このように篤胤の古道論は宗教性と道徳性が結合した一種の神学というべきものであり、篤胤が最も自負していた『古史成文』が、記紀の世界を忠実に再現したものではなく、逆に彼の神学的世界観により、思弁的に記紀の神々を再構成したものだったことは、彼の古道論の本質を余すところなくしめしているだろう。

この篤胤の古道論は、彼自身によって当時の神職の間に、大国隆正、鈴木重胤などの門人たちによって、幕末期の諸藩や地方農村の指導者層に流布されていった。その結果、彼らのなかから、篤胤の教えた古道の規範に忠実に現実を批判する人々も現れてきた。

とくに王政復古の後は、篤胤が説く造化神、皇祖の神々への絶対的な信仰が、彼ら農村の指導者たちをして復古を神意の実現として理解せしめ、平田国学の普及していた信州伊那谷一帯や、北越地方などにおいて、幾多の農兵隊を維新変革の場に登場させたのだった。こうした平田学徒の実践活動は、平田国学のもつ強い宗教性に起因するものだと考えられる。宣長の古道論は、平田篤胤によってこのように大きく変質させられたのだった。

本居宣長年譜

西暦	年号	年齢	年譜	参考事項
一七三〇	享保一五	一	五月七日、伊勢国飯高郡松阪本町に、木綿商小津定利二男として生まれる。母は村田孫兵衛の四女お勝。幼名を富之助と称す。	
三七	元文二	八	八月、西村三郎兵衛を師として手習いを始める。元文五年秋まで通学。	三月、真淵、江戸へ下る。
三九	四	一〇	血脈を入蓮社走誉上人に受け、法名を英笑と名づける。	
四〇	五	一一	閏七月二三日、父定利江戸で没す。八月、彌四郎と改む。	
四一	寛保元	一二	正月六日、斎藤松菊に手習いを受く。翌年六月まで通学。三月、名を栄貞（よしさだ）と改む。五月一四日、魚町一丁目に移る。義兄定治家督相続。七月、岸江元仲に四書を習う。また謡曲も習う。	
四二	二	一三	七月、大和国吉野水分神社に参詣。	荷田在満『国歌八論』を著す。
四三	三	一四	九月、『新板天気見集』筆写。一〇月、『元祖円光大師御伝記』筆写。	

一七四四	延享　元	一五	九月、『神器伝授図』筆写。『赤穂記』を作る。『中華歴代帝王国統相承之図』筆写。一〇月、『職原抄支流』筆写。一二月二一日、元服す。	
四五	二	一六	二月、京都に小旅行。三月、『伊勢州飯高郡松坂勝覧』を編集す。『本朝帝王御尊系並将軍家御系』筆写。四月、江戸に行き、伯父小津源四郎店に一年間滞在し商いを見習う。翌年四月帰宅。	
四六	三	一七	浜田瑞雪に弓術を習う。	真淵、田安宗武に仕う。
四八	寛延　元	一九	四月、上京。五月六日帰宅。閏一〇月、山村吉右衛門に茶の湯を習う。同月、日観蓮社諦誉上人より五重相伝血脈を受け、伝誉英笑道与居士と称す。一一月一四日、山田の今井田家の養子となる。この年より歌道に志す。	
四九	二	二〇	三月下旬より山田宗安寺の法幢和尚より歌を学ぶ。六月一五日より別宅で紙商いを始める。九月一三日、栄貞の読みをナガサダと改む。九月、俳名を華風と号す。一〇月より正住院住職より五経を学ぶ。	
五〇	三	二一	一二月、今井田を離縁して松阪に帰る。	
五一	宝暦　元	二二	二月二八日、義兄定治江戸で没す。三月、江戸へ下る。七月、帰宅。家督を相続す。	
五二	二	二三	三月、上京、堀景山入門。一六日、本居と改姓。堀家に	

			寄宿。契沖の著作を読む。九月、森河章尹の門に入り、歌を学ぶ。	
一七五三	宝暦 三	二四	七月、堀元厚に入門、医学を学ぶ。八月、『尾花がもと』成る。九月九日、健蔵と改め、一一月、号を芝蘭とす。	正月二四日、堀元厚没す。
五四	四	二五	五月、武川幸順に入門、小児科医学を学ぶ。武川家に寄宿。	
五五	五	二六	三月三日、宣長と改名。号春庵と称す。	二月、安藤昌益『自然真営道』成る。
五六	六	二七	一月、有賀長川の門に入り、和歌を学ぶ。五月、『草庵集玉箒』の稿成る。	
五七	七	二八	一〇月、松阪に帰り、医を開業す。この頃『あしわけをぶね』の稿成る。真淵の『冠辞考』を読む。	六月、真淵『冠辞考』成る。 九月一五日、堀景山没す。
五八	八	二九	二月より毎月、嶺松院月次歌会に出席す。三月、『古今選』の稿成る。五月、養子話のため上京。六月より『源氏物語』開講。	
五九	九	三〇	三月、『伊勢物語』開講。	八月、荷田在満没す。
六〇	一〇	三一	正月、『土佐日記』開講。五月、『枕草子』開講。 九月、村田彦太郎の娘みかと結婚。一二月離婚。 一〇月、『百人一首改観抄』開講。	この年、真淵『万葉考』成る。
六一	一一	三二	三月、『阿毎菟知弁（あめつちべん）』成る。	四月、吉見幸和没す。

			五月、『万葉集』開講。	
一七六二	宝暦一二	三三	正月一七日、草深玄弘娘たみ（かつ）と結婚。母お勝善光寺に参詣し、剃髪する。	
六三	一三	三四	二月三日、長男春庭誕生。五月二五日。松阪日野町旅館新上屋で賀茂真淵と会見。一二月二八日、入門。六月、『紫文要領』成る。この年、『石上私淑言』成る。	五月二六日、浜田瑞雪没す。
六四	明和元	三五	正月、真淵に入門誓詞を呈す。『神代紀』開講。二月、『源氏物語和歌抄』成る。この年、『古事記伝』起稿す。	真淵『歌意考』『古今集序』成る。
六五	二	三六	八月四日、谷川士清に初めて書翰を送る。	
六六	三	三七	三月、『新古今集』開講。七月、『源氏物語』開講。	
六七	四	三八	正月一四日、次男春村誕生。『石上稿』一二冊成る。六月、『古事記伝』巻四浄書終わる。八月、『本居氏系図』一冊成る。	八月、山県大弐刑死。
六八	五	三九	正月、母お勝没す。六月、『万葉集問目』成る。『続紀宣命問目』成る。この年、後の養子稲掛大平入門。	四月、上田秋成『雨月物語』成る。五月、富士谷御杖生まれる。
六九	六	四〇	一二月四日、真淵死去の報をうける。	一〇月末日、真淵没す。
七〇	七	四一	正月一二日、長女飛驒誕生。『古今集』開講。	
七一	八	四二	三月、『家譜修撰』、一〇月、『直毘霊』『紐鏡』成る。	六月、田安宗武没す。

			一二月、『古事記伝』巻五脱稿。	この春、伊勢に御蔭参り盛行す。
一七七二	安永 元	四三	三月、吉野水分神社参詣。大和路の旅行をす。五月、『菅笠日記』成る。九月、『古事記伝』巻七浄書成る。	六月、草深玄弘没す。
七三	二	四四	正月二日、次女美濃誕生。二月、『天祖都城辨辨』成る。閏三月、『古事記伝』巻八浄書成る。この年春、自画像をかき、「めづらしきこまもろこしの花よりもあかね色香は桜なりけり」の和歌を賛す。この年より門人帳を記入する。	
七四	三	四五	正月、『史記』開講。『古今集』開講。一〇月、『直毘霊』開講。この年『古事記伝』巻九から巻一一まで浄書成る。	一一月、谷川士清『勾玉考』成る。
七五	四	四六	正月、『源氏物語』開講（第三回）。『字音仮字用格』成る。六月、『古事記伝』巻一二浄書成る。一〇月、『万葉集』会読開始。	
七六	五	四七	正月一五日、三女能登誕生。一二月、『古事記伝』巻一三浄書成る。	八月二四日、平田篤胤誕生。一〇月一〇日、谷川士清没す。
七七	六	四八	一〇月、『古事記伝』巻一四浄書成る。一二月、『馭戎慨言』成る。	六月、加藤美樹没す。

一七七八	安永七	四九	正月、『古事記伝』巻一五浄書成る。この年、『古事記伝』巻一七まで浄書成る。	一〇月、富士谷成章没す。
七九	八	五〇	一一月、『万葉集玉の小琴』成る。一二月、『詞の玉の緒』成る。この年、三井高蔭入門。	この年、塙保己一ら『群書類従』編纂を始む。
八〇	九	五一	二月、『古今集』開講（第三回）。一一月、『葛花』成る。この年、田中道麿入門。	三月二七日、武川幸順没す。この年、市川匡麿『まがのひれ』成る。
八一	天明元	五二	正月、『古事記伝』巻一八起稿。一一月、真淵追慕の会を開く。	七月、藤井貞幹『衝口発』成る。
八二	二	五三	正月、『手向草』成る。二月、『古事記伝』巻一九起稿。八月、『天文図説』成る。九月、『真暦考』成る。一〇月、『御国詞活用抄』成る。一二月、書斎鈴屋竣工。	
八三	三	五四	三月、新書斎で初めて歌会を開く。『古事記伝』巻二〇起稿。	
八四	四	五五	正月、『別本家のむかし物語』成る。閏正月、『百人一首改観抄』開講（第二回）。三月、『公事根源』開講。『古事記伝』巻二一起稿。六月、『漢字三音考』成る。九月、次男春村小西家の養子となる。この年、『万葉集問聞抄』成る。	六月、伊勢貞丈没す。一〇月、田中道麿没す。

一七八五	天明	五	五六	五月、『古事記伝』巻二一起稿。一二月、『鉗狂人』成る。この年、『臣道』成る。『古事記伝』出版計画成る。横井千秋、服部中庸入門。	八月、加藤枝直没す。
八六		六	五七	一〇月、『万葉集』会読開始（第二回）。この年、『玉くしげ』『玉鉾百首』成る。『古事記伝』上巻成り、自らも板下をかく。	八月、老中田沼意次失脚。この年、全国的な一揆、打ちこわし。
八七		七	五八	正月、『呵刈葭』成る。『新古今集』開講（第二回）。一二月、『秘本玉くしげ』をかき、紀州藩主徳川治貞に提出。この年、『国号考』成る。	六月、松平定信老中就任。
八八		八	五九	五月、『宣命抄』成る。六月、『源氏物語』開講（第四回）。『古事記伝』巻二三起稿。一〇月、『古事記伝』巻二四起稿。この年、『天地図』成る。	正月、京都大火。御所炎上す。一〇月、荒木田尚寛没す。
八九	寛政	元	六〇	正月、『続日本後紀長歌訓点』成る。三月、門下のまねきで名古屋に行く。五月、『神代正語』成る。七月、『古事記伝』巻二五、十一月、同巻二六、一二月、同巻二七を起稿。この年、加藤磯足、植松有信入門。	この年、寛政改革始まる。
九〇		二	六一	八月、自画像をかき「敷島の大和心を人問はば朝日に匂ふ山桜花」の歌を賛す。七月、『古事記伝』巻二八、一二月、同巻二九起稿。九月、『古事記伝』初帙（五冊）刊行。一一月、上京。この年、『古事記伝』を後格天皇	五月、寛政異学の禁。幕府、風俗、風紀取締りを強化す。

一七九一	寛政	三	六二	に献上。四月、『新古今集美濃家苞』成る。『古事記伝』巻三〇起稿。一〇月、同巻三一起稿。一〇月、『伊勢物語』開講（第二回）。この年、『玉霰』成る。長男春庭眼病にかかる。後失明。	
九二		四	六三	閏二月、『古事記伝』巻三二起稿。『出雲国造神寿詞後釈』成る。『古事記伝』第二帙（六冊）刊行。三月、門人の要請で名古屋旅行。四月、『祝詞式』開講。五月、『古事記伝』巻三三、一〇月、同巻三四起稿。『古今集』開講（第四回）。冬、加賀藩より招聘、不調。一二月、紀州藩に仕え、五人扶持をうく。この年、千家俊信、鈴木朗入門。	五月、服部中庸『三大考』成る。
九三		五	六四	正月、『玉勝間』執筆。三月、上京。芝山持豊を介して天台座主真仁親王に謁す。四月、京都よりの帰途、名古屋に行く。『結び捨てたる枕の草葉』成る。九月、『古事記伝』巻三五起稿。この年、藤井高尚入門。	七月、幕府、塙保己一に和学講談所設立を許す。
九四		六	六五	正月、『古今集遠鏡』成る。二月、『古事記伝』巻三六起稿。三月、門人の要請で名古屋旅行。一〇月、紀州藩主の命で和歌山旅行。閏一一月、一〇人扶持に加増。和歌山よりの帰途、京都、大阪に立寄る。一二月、松阪学問	

				所建設を出願す。この年、春庭失明す。	
一七九五	寛政	七	六六	二月、字を中衛と改む。四月、春庭針術修行のため京都へ行く。七月、『古事記伝』巻三七起稿。『大祓詞後釈』成る。一〇月、『古事記伝』巻三八起稿。八月、浜田藩主松平康定松阪に宿泊、面会す。この年、竹村茂雄入門。	
九六		八	六七	二月、『古事記伝』巻三九起稿。七月、『天祖都城辨辨』第二稿を始める。七月、『古事記伝』巻四〇起稿。一一月、『出雲風土記意宇郡古文解』成る。一二月、『古事記伝』巻四一起稿。蒲生君平来訪。この年、『源氏物語玉の小櫛』成る。	
九七		九	六八	四月、『古事記伝』巻四二起稿。五月、『古事記伝』第三帙（六冊）刊行。八月、春庭、京都より帰り、針医を業とす。九月、『玉勝間』全巻刊行終わる。一〇月、弟親次没す。この年、城戸千楯入門。	八月、藤井貞幹没す。
九八		一〇	六九	三月、『古事記伝』巻四四起稿（六月脱稿）。四、五月頃『伊勢二宮さき竹の辨』成る。六月一三日、『古事記伝』全巻浄書終わり、完成す。七月、『家のむかし物語』成る。九月、『古事記伝』終業慶賀の会を催す。一〇月、『初山踏』成る。一一月、『神代紀髻華山蔭』成	

			る。『地名字音転用例』成る。この年、『鈴屋集』成る。	
一七九九	寛政一一	七〇	一月、和歌山旅行。帰途吉野水分神社参詣。二月、門人稲掛大平を本居家厄介と定める。三月、三井の別宅で、七〇歳の賀会を催す。五月、新刻『古事記』(『古訓古事記』)の板下を書店へ送る。	
一八〇〇	一二	七一	四月、『歴朝詔詞解』成る。七月、春庭、春村宛遺言書をかく。一一月、山室山に墓所を定める。和歌山に旅行す。翌年三月帰宅。この年、『真暦考不審弁』『古語拾遺疑斎辨』成る。	四月七日、大平の父稲掛棟隆没す。
一	享和元	七二	二月、紀州藩より奥詰を命じられる。三月末上京、滞在中公家社会に古学を宣揚し、六月帰宅。在京中、香川景樹と会う。 九月一八日発病し、二九日没す。一〇月二日、山室山に葬る。諡を「秋津彦美豆桜根大人」、戒名を「高岳院石上道啓居士」という。 この年、『後撰集詞の束ね緒』『鈴屋答問録』成る。	七月二七日、横井千秋没す。

参考文献

●基礎的文献

『本居宣長全集』全七巻　本居豊頴校訂――吉川弘文館　明34～36

『本居宣長稿本全集』全二巻　本居清造編――博文館　大11～12

『増補本居宣長全集』全一三巻　本居清造再校――吉川弘文館　大15～昭3

『本居宣長全集』全二九巻（六巻で中断）村岡典嗣編――岩波書店　昭17～19

『本居宣長全集』全二〇巻・別巻二巻　大野晋 大久保正 編集校訂――筑摩書房　昭43～50（別巻）昭51～52

『本居宣長翁書簡集』　奥山宇七編――啓文館　昭9

『本居宣長集』　久松潜一ほか訳――筑摩書房　昭35

『本居宣長』（日本の思想15）吉川幸次郎編――筑摩書房　昭44

『本居宣長』（日本思想大系40）吉川幸次郎・佐竹昭広――岩波書店　昭53

●本居宣長研究書

『本居宣長』　村岡典嗣――警醒社　明44／岩波書店　昭3

『増補賀茂真淵と本居宣長』　佐佐木信綱――広文堂　大6／湯川弘文館　昭10

『本居宣長』　藤村作――楽浪書院　昭11

『本居宣長翁全伝』　山田勘蔵――四海書房　昭13

『本居宣長の研究』　笹月清美　―――岩波書店　昭19
『本居宣長』　河野省三　―――文教書院　昭19
『本居宣長』　井上　豊　―――春陽堂　昭19
『本居宣長の万葉学』　大久保　正　―――大八洲出版社　昭19
『宣長と篤胤』（日本思想史研究3）　村岡典嗣　―――創文社　昭32
『本居宣長』（世界思想家全書12）　芳賀　登　―――牧書房　昭40
『本居宣長』（現代新書）　田原嗣郎　―――講談社　昭43
『本居宣長』――近世国学の成立（人と歴史シリーズ）　芳賀　登　―――清水書院　昭47
『本居宣長』　小林秀雄　―――新潮社　昭52
『本居宣長』　吉川幸次郎　―――筑摩書房　昭52
『宣長と篤胤の世界』　子安宣邦　―――中央公論社　昭52
『宣長の青春』――京都遊学時代　出丸恒雄　―――鈴屋遺跡保存会　昭34／光書房　昭52
『仁斎・徂徠・宣長』　吉川幸次郎　―――岩波書店　昭53
『本居宣長』　相良　亨　―――東京大学出版会　昭53
『宣長と小林秀雄』　野崎守英　―――名著刊行会　昭57

●国学研究書

『国学者伝記集成』　大川茂雄・南　茂樹　―――大日本図書　明37
『近世史の発展と国学者の運動』　竹岡勝也　―――至文堂　昭2
『国学全史』　野村八良　―――関口書院　昭4
『国学発達史』　清原貞雄　―――六文館　昭6

『国学の史的考察』　伊東多三郎 ―― 大岡山書店　昭7
『国学論』（日本歴史全書19）　山本正彦・渡辺　秀 ―― 三笠書房　昭14
『国　学』――その成立と国文学との関係　久松潜一 ―― 至文堂　昭16
『国学史の研究』　河野省三 ―― 畝傍書房　昭18
『尊皇思想とその伝統』　和辻哲郎 ―― 岩波書店　昭18
『国学の批判』――封建イデオローグの世界　西郷信綱 ―― 青山書院　昭23
『日本における近代思想の前提』　羽仁五郎 ―― 岩波書店　昭24
『日本の神道』　津田左右吉 ―― 岩波書店　昭24
『日本政治思想史研究』　丸山真男 ―― 東京大学出版会　昭27
『国学政治思想の研究』　松本三之介 ―― 有斐閣　昭32
『江戸時代の国学』　大久保　正 ―― 至文堂　昭38
『幕末国学の展開』　芳賀　登 ―― 塙書房　昭38
『国学の運動』　三枝康高 ―― 風間書房　昭41
『近世日本の人間尊重思想』下巻　高坂正顕 ―― 福村出版　昭43
『天皇制国家と政治思想』　松本三之介 ―― 未来社　昭44
『日本政治思想史概要』　松本三之介 ―― 勁草書房　昭50

さくいん

【人名】

【書名】

【事　項】

本居宣長■人と思想47　　定価はカバーに表示

1978年11月25日　第1刷発行©
2014年9月10日　新装版第1刷発行©

・著　者 ……………………………………本山《もとやま》　幸彦《ゆきひこ》
・発行者 ……………………………………渡部　哲治
・印刷所 ……………………………法規書籍印刷株式会社
・発行所 ……………………………株式会社　清水書院

〒102-0072　東京都千代田区飯田橋3-11-6
Tel・03(5213)7151～7
振替口座・00130-3-5283
http://www.shimizushoin.co.jp

検印省略

落丁本・乱丁本は
おとりかえします。

CenturyBooks

Printed in Japan
ISBN978-4-389-42047-5

Century Books

清水書院の〝センチュリーブックス〟発刊のことば

近年の科学技術の発達は、まことに目覚ましいものがあります。月世界への旅行も、近い将来のこととして、夢ではなくなりました。しかし、一方、人間性は疎外され、文化も、商品化されようとしていることも、否定できません。

いま、人間性の回復をはかり、先人の遺した偉大な文化を継承して、高貴な精神の城を守り、明日への創造に資することは、今世紀に生きる私たちの、重大な責務であると信じます。

私たちがここに、「センチュリーブックス」を刊行いたしますのは、人間形成期にある学生・生徒の諸君、職場にある若い世代に精神の糧を提供し、この責任の一端を果たしたいためであります。

ここに読者諸氏の豊かな人間性を讃えつつご愛読を願います。

一九六六年

SHIMIZU SHOIN